Das Buch

Seit der Wiedervereinigung hat sich das Bild Deutschlands in der Welt verändert. Immer mehr Menschen kommen ins Land, um Urlaub zu machen, hier zu leben und zu arbeiten – die Welt ist neugierig auf Deutschland geworden. Und Sie? Wie gut kennen Sie Ihre Heimat?

Politik, Geschichte, Geografie, Wirtschaft, Kultur, Sport, Sprache, Alltag: Der große SPIEGEL-Wissenstest besteht aus 150 kniffligen Fragen. Damit können Sie Ihr Wissen überprüfen und zugleich Neues lernen. Mit Analysen und unterhaltsamen Interviews zum Thema ist der große SPIEGEL-Wissenstest das aktuelle Buch über das Deutschland von heute.

Die Autoren

Martin Doerry, geboren 1955, ist promovierter Historiker und arbeitet seit 1987 für den SPIEGEL. Er ist Autor im Kulturressort. Markus Verbeet, geboren 1974, ist promovierter Jurist und arbeitet seit 2003 für den SPIEGEL. Er ist Leiter der Deutschland-Redaktion.

KiWi
1445

Martin Doerry / Markus Verbeet

WIE GUT KENNEN SIE DEUTSCHLAND?

**Der große SPIEGEL-Wissenstest
zum Mitmachen**

Kiepenheuer & Witsch

MIX
Papier aus verantwor-
tungsvollen Quellen
FSC® C083411

FSC
www.fsc.org

Verlag Kiepenheuer & Witsch, FSC®-N001512

1. Auflage 2015

© 2015, Verlag Kiepenheuer & Witsch, Köln
© SPIEGEL ONLINE GmbH, Hamburg 2015
Umschlaggestaltung: Barbara Thoben, Köln
Umschlagmotiv: © daboost – Fotolia.com
Gesetzt aus der Foundry
Satz: Felder KölnBerlin
Druck und Bindung: CPI books GmbH, Leck
ISBN 978-3-462-04814-8

INHALT

EINLEITUNG

Wie gut kennen Sie Deutschland? Eine blöde Frage, eine überflüssige Frage? Sie wissen also alles und müssen das auch weder sich selbst noch sonst jemandem beweisen? Dann wird Ihnen dieses Buch definitiv keinen Spaß machen, am besten legen Sie es gleich zur Seite.

Oder sind Sie sich doch nicht so sicher? Gibt es da ein paar kleinere oder gar größere weiße Flecken auf Ihrer persönlichen Deutschlandkarte? Dann lassen Sie sich auf diesen Wissenstest ein, Sie werden es nicht bereuen.

Deutschland ist nämlich eine Menge: ein Land mitten in Europa, ein Land mit viel Kultur und (nicht nur schöner) Geschichte, ein Land mit einer ziemlich schwierigen Sprache und ziemlich unterschiedlichen Menschen (von denen viele einen sogenannten Migrationshintergrund haben), ein Land mit einer wunderbaren demokratischen Verfassung (die leider nicht jedem geläufig oder sympathisch ist), ein Land mit berühmten Dichtern und Denkern, mit superklugen Ingenieuren und Erfindern und einer weltweit erfolgreichen Exportindustrie.

Und natürlich ist es ein Land mit geografischen Daten: Die Bundesrepublik liegt zwischen 47°16′15″ und 55°03′33″ nördlicher Breite und 5°52′01″ und 15°02′37″ östlicher Länge. Die Grenze, 3757 Kilometer lang, umschließt ein Gebiet von rund 357.340 Quadratkilometern. Die höchste Erhebung ist mit 2962 Metern die Zugspitze, die niedrigste Stelle eine Senke in der schleswig-holsteinischen Gemeinde Neuendorf-Sachsenbande, 3,54 Meter unter Normalnull. Der nördlichste Punkt auf festem Boden befindet sich nahe der Gemeinde List, der südlichste Punkt ist das Haldenwanger Eck bei Oberstdorf. Dazwischen liegen 874 Kilometer.

Wer vom einen Ort zum anderen fährt, von Sylt ins Oberallgäu, durchquert ein föderales, freiheitliches Land, geprägt von Marktwirtschaft und Demokratie. Einen Staat, der Einigkeit und Recht und Freiheit beschwört, am 23. Mai 1949 gegründet wurde und den 3. Oktober als Nationalfeiertag ausgerufen hat; einen Staat mit 16 Bundesländern, mindestens 598 Bundestagsabgeordneten und rund 80 Millionen Einwohnern.

Na gut, werden Sie jetzt denken, vieles davon weiß ich ja doch. Und den Rest, die genauen geografischen Daten etwa, die muss ich bestimmt nicht kennen – damit haben Sie natürlich recht. Faktenwissen ist oft nutzloses Wissen; Faktenhuberei und Angeberei sind verwandte Sünden, beliebt macht keine von beiden. Dennoch muss es kein Schaden sein, diese und andere Informationen über unser Land im Kopf zu haben, und es kann ja sogar Spaß machen, dieses Wissen zu testen. Als SPIEGEL ONLINE vor einigen Jahren seine Leser fragte, wie gut denn ihre Allgemeinbildung sei, beteiligten sich mehr als 600.000 Menschen an dem Quiz; es war der größte Wissenstest, den es in Deutschland je gegeben hat.

Dieses Buch knüpft daran an und verlangt Ihnen eine Menge Wissen über unser Land ab. Die Frage »Wie gut kennen Sie Deutschland?« stellen wir Ihnen in vielen Varianten. Der große SPIEGEL-Wissenstest umfasst jeweils 10 Aufgaben zu 15 Gebieten, insgesamt also 150 Aufgaben. Wie Sie mitmachen können, steht in der Gebrauchsanweisung auf Seite 13. So viel sei schon hier verraten: Ganz ohne Faktenwissen werden Sie nicht allzu weit kommen. Doch will dieses Buch mehr, als nur einige lexikalische Rahmendaten zu unserem Land abzufragen. Es geht um große

Ereignisse der deutschen Geschichte und um bewegende Momente im Sport, um Kenntnisse über politische Grundlagen und kulinarische Besonderheiten, um Kultur und Unterhaltung, um Religion und Sprache und Urlaub. Alles bezogen auf unser Land, das sich im Laufe der Jahrhunderte so vielgestaltig gezeigt hat und, nach Jahrzehnten der Trennung, seit dem 3. Oktober 1990 wiedervereinigt ist.

Das 25. Jubiläum dieses Tages – ein Vierteljahrhundert wiedervereinigtes Deutschland – ist der Anlass für dieses Buch. Denn das Jubiläum kann, so glauben wir, eine schöne Gelegenheit sein zu fragen, wie gut man eigentlich das Land kennt, in dem man lebt. Einen Orden oder ein Abzeichen für die Kundigsten und Kenntnisreichsten gibt es hinterher nicht, dafür ebenso wenig Schimpf und Schande für alle anderen; die 150 Aufgaben sollen Sie vor allem unterhalten, aber auf schlaue Art und Weise. Bleibt nur zu hoffen, dass am Ende nicht jener Stoßseufzer steht, den der bekannteste deutsche Dichter seiner bekanntesten Figur in den Mund legte: »O glücklich, wer noch hoffen kann / Aus diesem Meer des Irrtums aufzutauchen! / Was man nicht weiß, das eben brauchte man / Und was man weiß, kann man nicht brauchen.« Genau: Goethe, Faust. Und nun: Viel Vergnügen mit dem großen SPIEGEL-Wissenstest!

DER GROSSE SPIEGEL-WISSENSTEST

Deutschland

DIE GEBRAUCHSANWEISUNG

1 Wie ist der Test aufgebaut?

Der Test besteht aus 15 Themengebieten. Es sind jeweils 10 Aufgaben zu lösen, insgesamt also 150.

2 Wie mache ich mit?

Suchen Sie sich einen ruhigen Platz, nehmen Sie einen Stift in die Hand – und los geht's!

3 Wie ermittle ich mein Ergebnis?

Vergleichen Sie Ihre Antworten mit den Lösungen ab Seite 104. Für jede richtige Antwort geben Sie sich einen Punkt, dann zählen Sie Ihre Punkte zusammen.

Eine Einschätzung Ihres Ergebnisses finden Sie auf Seite 138.

DIE FRAGEN
GEOGRAFIE –
STADT, LAND, FLUSS

FRAGE 1

An wie viele Staaten grenzt Deutschland?

a   7   O
b   8   O
c   9   O
d   10   O

FRAGE 2

Aus welcher Windrichtung weht es in Deutschland am häufigsten?

a   Norden   O
b   Osten   O
c   Süden   O
d   Westen   O

FRAGE 3

Welche der folgenden Aussagen ist falsch?

a   Berlin hat mehr Einwohner als Brandenburg.   O
b   Bayern ist größer als NRW.   O
c   Bayern, Sachsen und Thüringen sind Freistaaten.   O
d   Baden-Württemberg ist weniger dicht
    besiedelt als Niedersachsen.   O

Wenn man sich auf einem Floß von der Quelle bis zur Mündung treiben lässt – auf welchem Fluss legt man die längste Strecke innerhalb Deutschlands zurück?

a   Rhein   O
b   Elbe   O
c   Donau   O
d   Weser (mit Werra)   O

FRAGE 5

Wie viel Prozent Deutschlands sind von Wald bedeckt? Rund ...

a   10 Prozent   O
b   20 Prozent   O
c   30 Prozent   O
d   40 Prozent   O

FRAGE 6

Wie hoch ist die höchste natürliche Erhebung in Bremen?

a   0,3 Meter   O
b   3,3 Meter   O
c   33 Meter   O
d   333 Meter   O

FRAGE 7

Welcher dieser deutschen Nationalparks ist der kleinste?

a   Hamburgisches Wattenmeer   O
b   Jasmund   O
c   Bayerischer Wald   O
d   Harz   O

FRAGE 8

Welcher See ist der größte?

a   Müritz   O
b   Chiemsee   O
c   Schweriner See   O
d   Bodensee   O

FRAGE 9

Was zählt nicht zu den Höhenzügen in Deutschland?

a   Harplage   O
b   Hintere Schwärze   O
c   Hahnenkamm   O
d   Haarstrang   O

FRAGE 10

**Wie viel Prozent Deutschlands werden
landwirtschaftlich genutzt? Rund ...**

a   ein Fünftel

b   ein Drittel

c   die Hälfte

d   zwei Drittel

DIE FRAGEN GESCHICHTE – VERDAMMT LANG HER

FRAGE 1

Was konnte Karl der Große nicht?

a	Reiten	O
b	Sehen	O
c	Schreiben	O
d	Schwimmen	O

FRAGE 2

Die Philosophin Hannah Arendt schrieb 1961 über den Jerusalemer Prozess gegen den Holocaust-Organisator Adolf Eichmann und prägte den Begriff von der …

a	Banalität des Schreckens.	O
b	Katastrophe der Gewalt.	O
c	Banalität des Bösen.	O
d	Eloquenz des Verräters.	O

FRAGE 3

Welche Stadt zählte nicht zu den Hauptstädten des Heiligen Römischen Reichs?

a	Frankfurt am Main	O
b	Berlin	O
c	Aachen	O
d	Regensburg	O

Wo kniete 1970 der damalige Bundeskanzler Willy Brandt?

a   Am Mahnmal für den Aufstand im Warschauer Ghetto

b   Am Mahnmal für den Warschauer Aufstand

c   Am Völkerschlachtdenkmal in Leipzig

d   Vor der Ruine der Dresdner Frauenkirche

FRAGE 5

Wofür stand ursprünglich der Begriff 08/15?
Für ...

a eine deutsche Filmkomödie aus den 1950er
Jahren O

b eine taktische Variante im Eishockey O

c einen Zellenblock im DDR-Gefängnis Bautzen O

d ein deutsches Maschinengewehr aus dem
Ersten Weltkrieg O

FRAGE 6

Kaiser Wilhelm II. sagte am 4. August 1914:
»Ich kenne keine Parteien mehr, ich kenne nur noch ...

a Patrioten.« O

b Deutsche.« O

c Preußen.« O

d Soldaten.« O

FRAGE 7

Welcher deutsche Spion arbeitete im Zweiten Weltkrieg
für die Sowjetunion in Japan und wurde dort 1944
hingerichtet?

a Markus Wolf O

b Günter Guillaume O

c Reinhard Gehlen O

d Richard Sorge O

FRAGE 8

Wer ist dieser Mann?

a   Friedrich Engels

b   Ferdinand Lassalle

c   August Bebel

d   Karl Liebknecht

FRAGE 9

Otto der Große besiegte Ungarn in der Schlacht auf dem Lechfeld. Wann?

a   55   O

b   555   O

c   955   O

d   1555   O

FRAGE 10

Wo wurde der Deutsche Bund gegründet?

a   Wiener Kongress   O

b   Reichstag zu Worms   O

c   Nationalversammlung in der Frankfurter
    Paulskirche   O

d   Verfassungskonvent auf Herrenchiemsee   O

DIE FRAGEN
DDR UND BRD – JETZT WÄCHST ZUSAMMEN …

FRAGE 1

Vor der ersten freien Wahl in der DDR, am 18. März 1990, amtierte Angela Merkel als Pressesprecherin. Für wen?

a   CDU   O
b   Neues Forum   O
c   DSU   O
d   Demokratischer Aufbruch   O

FRAGE 2

Von Juni 1948 bis Mai 1949 wurden die Bürger von West-Berlin durch eine Luftbrücke versorgt. Warum?

a   Für Frankreich war der Transport mit dem
    Flugzeug billiger.   O
b   Die Sowjetunion unterbrach den gesamten
    Verkehr auf dem Landweg.   O
c   Die amerikanischen Soldaten hatten beim
    Landtransport Angst vor Überfällen.   O
d   Großbritannien wollte die Einsatzfähigkeit
    neuer Transportflugzeuge testen.   O

FRAGE 3

1971 wurde der Vorsitzende des Zentralkomitees der SED, Walter Ulbricht, abgelöst. Von wem?

a   Egon Krenz   O
b   Hans Modrow   O
c   Erich Honecker   O
d   Otto Grotewohl   O

FRAGE 4

Wann wurde dieses Foto gemacht?

a   Oktober 1989
b   November 1989
c   März 1990
d   Oktober 1990

FRAGE 5

In Berlin-Mitte, gegenüber der Museumsinsel, wird das Stadtschloss wieder aufgebaut. Was stand dort zuvor?

a   Palast der Republik   O

b   Botschaft der USA   O

c   Staatssicherheitsministerium der DDR   O

d   Parteizentrale der SED   O

FRAGE 6

Welcher deutsche Dirigent spielte eine wichtige Rolle beim Sturz des DDR-Regimes 1989?

a   Herbert von Karajan   O

b   Kurt Masur   O

c   Daniel Barenboim   O

d   Günter Wand   O

FRAGE 7

Wer war wann Staatschef der DDR? Bringen Sie die Namen in die richtige chronologische Reihenfolge!

a   Lothar de Mazière   O

b   Erich Honecker   O

c   Hans Modrow   O

d   Egon Krenz   O

FRAGE 8

Wer waren die Chefunterhändler von BRD und DDR bei den Verhandlungen zum Einigungsvertrag 1990?

a   Helmut Kohl und Gregor Gysi   O

b   Hans-Dietrich Genscher und Markus Meckel   O

c   Wolfgang Schäuble und Günther Krause   O

d   Klaus Kinkel und Wolfgang Thierse   O

FRAGE 9

Am 4. November 1989 traten mehr als 20 Redner bei einer Großdemonstration auf dem Ost-Berliner Alexanderplatz auf. Wer war nicht dabei?

a   Markus Wolf   O

b   Jan Josef Liefers   O

c   Günter Schabowski   O

d   Wolf Biermann   O

FRAGE 10

Was zeigte die Flagge der DDR nicht?

a   Sichel   O

b   Hammer   O

c   Zirkel   O

d   Ährenkranz   O

DIE FRAGEN
POLITIK – KANZLER, KABINETT, GEDÖNS

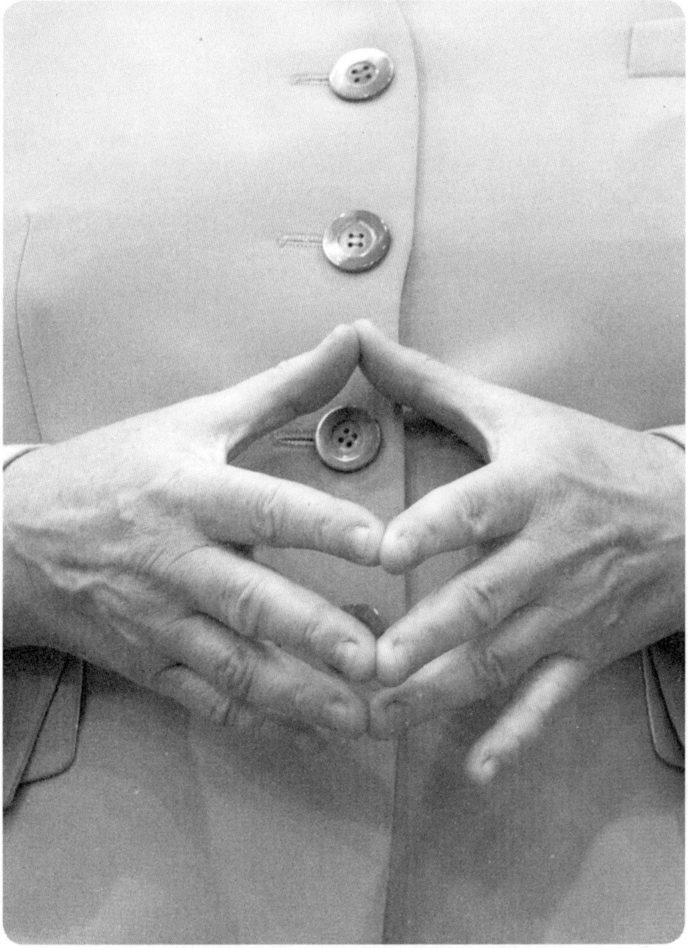

FRAGE 1

Wem wurde der Doktortitel nicht aberkannt?

a   Karl-Theodor zu Guttenberg   O
b   Annette Schavan   O
c   Silvana Koch-Mehrin   O
d   Bernd Althusmann   O

FRAGE 2

In welcher Stadt wurde das 13. Schuljahr schon vor dem Jahr 2000 abgeschafft?

a   Köln   O
b   Dresden   O
c   München   O
d   Hamburg   O

FRAGE 3

Welcher Ex-Bundeskanzler bezeichnete den russischen Präsidenten Wladimir Putin als »lupenreinen Demokraten«?

a   Helmut Schmidt   O
b   Gerhard Schröder   O
c   Helmut Kohl   O
d   Willy Brandt   O

FRAGE 4

Welcher Politiker war Vorsitzender zweier verschiedener im Bundestag vertretener Parteien?

a   Oskar Lafontaine   O

b   Gregor Gysi   O

c   Angela Merkel   O

d   Horst Seehofer   O

FRAGE 5

Vor Angela Merkel regierte bereits ein Bundeskanzler mit einer Großen Koalition – wer war das?

a   Helmut Schmidt   O

b   Ludwig Erhard   O

c   Konrad Adenauer   O

d   Kurt Georg Kiesinger   O

FRAGE 6

Welcher der genannten deutschen Politiker wurde nicht durch ein Attentat verletzt?

a   Wolfgang Schäuble   O

b   Oskar Lafontaine   O

c   Kurt Schumacher   O

d   Rudi Dutschke   O

FRAGE 7

Wer ist kein Arzt?

a   Ursula von der Leyen   O

b   Christian Lindner   O

c   Karl Lauterbach   O

d   Philipp Rösler   O

FRAGE 8

Wie viele Frauen sind unter den Studienanfängern in Deutschland? Rund ...

a   30 Prozent   O

b   40 Prozent   O

c   50 Prozent   O

d   60 Prozent   O

FRAGE 9

In welchem Bundesland wurde erstmals ein Politiker von Bündnis 90/Die Grünen zum Ministerpräsidenten gewählt?

a   Baden-Württemberg   O

b   Hamburg   O

c   Hessen   O

d   Nordrhein-Westfalen   O

FRAGE 10

Bei der Wahlparty welcher Partei wurde nach der Bundestagswahl 2013 der Hit »Tage wie diese« von den Toten Hosen gespielt?

a   Grüne

b   Linkspartei

c   Piraten

d   CDU

DIE FRAGEN
VERFASSUNG – EINIGKEIT UND RECHT UND FREIHEIT

FRAGE 1

Die Präambel des Grundgesetzes beginnt mit den Worten: Im Bewusstsein seiner Verantwortung vor …

a   Einigkeit und Recht und Freiheit.   O

b   Gott und den Menschen.   O

c   der historischen Schuld Deutschlands.   O

d   dem deutschen Föderalismus.   O

FRAGE 2

Das Grundgesetz gewährt in Artikel 16a ein Asylrecht. Wem?

a   Politisch Verfolgten   O

b   Bürgern aller EU-Mitgliedstaaten   O

c   Menschen mit deutschen Vorfahren   O

d   Hoch qualifizierten Ausländern   O

FRAGE 3

Welches Bundesland wurde später gegründet als alle Bundesländer, an die es grenzt?

a   Thüringen   O

b   Berlin   O

c   Saarland   O

d   Bremen   O

FRAGE 4

Dies ist das Wappen von ...

a   Sachsen-Anhalt.   ○

b   Berlin.   ○

c   Hessen.   ○

d   Brandenburg.   ○

FRAGE 5

Wem ist laut Grundgesetz ein Bundestagsabgeordneter unterworfen?

a   Seiner Partei   ○

b   Seiner Fraktion   ○

c   Seinem Wahlkreis   ○

d   Seinem Gewissen   ○

FRAGE 6

Bei der Bundestagswahl gilt die Fünf-Prozent-Hürde. Welche galt für die Europawahl 2014?

a   keine   ○

b   3 Prozent   ○

c   5 Prozent   ○

d   10 Prozent   ○

FRAGE 7

Wie wird das Ruhegehalt bezeichnet, das einem Bundespräsidenten nach seinem Ausscheiden aus dem Amt zusteht?

a   Ehrensold   O

b   Schweigegeld   O

c   Apanage   O

d   Diät   O

FRAGE 8

Ein Abgeordneter des Deutschen Bundestags hat im Jahr 2015 Anspruch auf eine monatliche Diät in Höhe von rund …

a   4.000 Euro.   O

b   9.000 Euro.   O

c   14.000 Euro.   O

d   19.000 Euro.   O

FRAGE 9

Was bestimmt darüber, wie viele Stimmen ein Bundesland im Bundesrat hat?

a   Die Wirtschaftskraft des Bundeslandes   O

b   Die Wahlbeteiligung in dem Bundesland   O

c   Alle Bundesländer haben gleich viele Stimmen   O

d   Die Einwohnerzahl des Bundeslandes   O

Wer kann in Deutschland einen Menschen begnadigen, der als Terrorist verurteilt wurde?

a   Bundesverfassungsgericht   O

b   Bundestag   O

c   Bundespräsident   O

d   Niemand   O

DIE FRAGEN
WIRTSCHAFT –
SCHAFFE, SCHAFFE …

FRAGE 1

Welcher ist Europas größter Autokonzern?

a   Daimler   O
b   BMW   O
c   Volkswagen   O
d   Ford   O

FRAGE 2

Welche deutsche Großstadt hat einen neuen Flughafen errichten lassen, dessen Eröffnung sich wegen Baumängeln mindestens bis 2017 verzögern wird?

a   Berlin   O
b   Hamburg   O
c   Kassel   O
d   Hannover   O

FRAGE 3

Wie hoch ist die aktuelle deutsche Staatsverschuldung? Rund …

a   20 Milliarden Euro   O
b   2 Billionen Euro   O
c   20 Billionen Euro   O
d   200 Billionen Euro   O

Wie viele Menschen waren Anfang 2015 in Deutschland offiziell arbeitslos?

a   Weniger als 1 Million   O
b   Rund 3 Millionen   O
c   Rund 6 Millionen   O
d   Mehr als 10 Millionen   O

FRAGE 5

Wer ist der größte Handelspartner Deutschlands?

a   Frankreich   O
b   Österreich   O
c   USA   O
d   China   O

FRAGE 6

Welche Institution gehört nicht zur sogenannten Troika, die Griechenland in der Schuldenkrise berät und kontrolliert?

a   Internationaler Währungsfonds   O
b   Europäische Zentralbank   O
c   Europäische Kommission   O
d   Europäische Bank für Wiederaufbau und
    Entwicklung   O

FRAGE 7

Welche Region gilt als Wiege der deutschen Arbeiterbewegung?

a   Ruhrgebiet   O

b   Rhein-Main   O

c   Sachsen   O

d   Franken   O

FRAGE 8

Wie hoch ist der sogenannte Mindestlohn in Deutschland?

a   8,00 Euro   O

b   8,50 Euro   O

c   9,00 Euro   O

d   10,00 Euro   O

FRAGE 9

Wie hoch ist das faktische Renteneintrittsalter im Durchschnitt?

a   55 Jahre   O

b   59 Jahre   O

c   63 Jahre   O

d   67 Jahre   O

FRAGE 10

Wer ist das?

a   Martin Blessing, Commerzbank

b   Jens Weidmann, Bundesbank

c   Jürgen Fitschen, Deutsche Bank

d   Jörg Asmussen, Europäische Zentralbank

DIE FRAGEN
ERFINDUNGEN –
GANZ SCHÖN PATENT

FRAGE 1

Wer hat die Technologie des MP3-Players entwickelt?

a   Konrad Zuse   O
b   Karlheinz Brandenburg   O
c   Philipp Reis   O
d   Max Planck   O

FRAGE 2

**Wie viele Patentanmeldungen kamen 2014 aus
Deutschland? Rund …**

a   300   O
b   3.000   O
c   30.000   O
d   300.000   O

FRAGE 3

**Wer unternahm 1888 die erste Fernfahrt – von
Mannheim nach Pforzheim – mit einem Automobil?**

a   Bertha Benz   O
b   Carl Benz   O
c   Gottfried Daimler   O
d   Kaiser Wilhelm II.   O

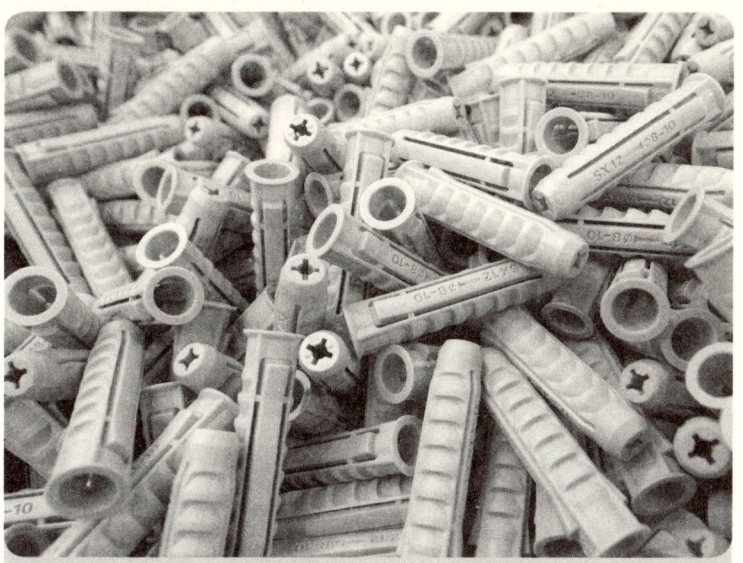

FRAGE 4

Wer hat das erfunden? Ein Mann namens …

a   Müller

b   Schuster

c   Bauer

d   Fischer

FRAGE 5

Ein Unternehmer aus Bonn mischte 1922 unter anderem Zucker, Glukosesirup, Wasser und Gelatine. Aus der Masse formte er ein weltweit erfolgreiches Produkt: Gummibärchen. Wie hieß der Mann?

a   Dr. Oetker   O

b   Alfred Ritter   O

c   Hans Riegel   O

d   August Storck   O

FRAGE 6

Wilhelm Conrad Röntgen entdeckte die nach ihm benannten Strahlen. Wann?

a   1805   O

b   1845   O

c   1895   O

d   1945   O

FRAGE 7

Der deutsche Pädagoge Friedrich Fröbel gründete 1840 in Bad Blankenburg Deutschlands …

a   ersten Kindergarten.   O

b   erstes Gymnasium.   O

c   erste Universität.   O

d   erste Schwimmschule.   O

Welchen Begriff prägte Werner von Siemens 1879?

a   Agrartechnik   O
b   Informatik   O
c   Luftfahrttechnik   O
d   Elektrotechnik   O

FRAGE 9

In welcher deutschen Stadt ist die Universität nach Johannes Gutenberg, dem Erfinder des Buchdrucks, benannt?

a   Frankfurt am Main   O
b   Heidelberg   O
c   Mainz   O
d   Jena   O

FRAGE 10

In welchem Land arbeitete der deutsche Raketeningenieur Wernher von Braun, Konstrukteur der »Vergeltungswaffe« V2, nach dem Zweiten Weltkrieg viele Jahre lang?

a   Frankreich   O
b   USA   O
c   Großbritannien   O
d   Sowjetunion   O

DIE FRAGEN
SPORT –
DABEI SEIN IST ALLES

FRAGE 1

1985 gewann Boris Becker erstmals das Tennisturnier in Wimbledon. Gegen wen?

a   John McEnroe   O
b   Kevin Curren   O
c   Stefan Edberg   O
d   Ivan Lendl   O

FRAGE 2

Welcher deutsche Boxer kämpfte gegen den »Braunen Bomber« Joe Louis?

a   Max Schmeling   O
b   Henry Maske   O
c   Bubi Scholz   O
d   Graciano Rocchigiani   O

FRAGE 3

Der Deutsche Fußballbund ist der größte deutsche Sportverband. Welcher ist der zweitgrößte?
Der Deutsche ...

a   Leichtathletik-Verband   O
b   Tennis-Bund   O
c   Angelfischerverband   O
d   Turner-Bund   O

FRAGE 4

Sie gewann acht Gold- und vier Silbermedaillen bei Olympischen Spielen – deutscher Rekord. Wie heißt die Sportlerin?

a   Birgit Fischer

b   Claudia Pechstein

c   Kristin Otto

d   Isabell Werth

FRAGE 5

Michael Schumacher war bei mehreren Rennställen der Formel 1 beschäftigt. Für wen fuhr er nie?

a   Mercedes   O

b   Ferrari   O

c   Williams-Renault   O

d   Benetton   O

FRAGE 6

1972 gewann Ulrike Meyfarth im Alter von 16 Jahren den Hochsprung-Wettbewerb der Olympischen Spiele. Wann gewann sie ihre zweite Goldmedaille?

a   1976 in Montreal   O

b   1980 in Moskau   O

c   1984 in Los Angeles   O

d   1988 in Seoul   O

FRAGE 7

Wer hat die meisten Länderspiele für die Fußball-Nationalmannschaft bestritten?

a   Franz Beckenbauer   O

b   Fritz Walter   O

c   Sepp Maier   O

d   Lothar Matthäus   O

FRAGE 8

»Flieg, Albatros, flieg« – wen feuerte Reporter
Jörg Wontorra mit diesen Worten an?

a   Hochspringer Dietmar Mögenburg   O
b   Skispringer Sven Hannawald   O
c   Schwimmer Michael Groß   O
d   Weitspringerin Heike Drechsler   O

FRAGE 9

In welcher deutschen Stadt wurden noch keine
Wettkämpfe der Olympischen Spiele ausgetragen?

a   Kiel   O
b   Berlin   O
c   Hamburg   O
d   München   O

FRAGE 10

Wie viele Menschen machen nach Angaben des
Deutschen Olympischen Sportbundes jedes Jahr
das Sportabzeichen?

a   8.000   O
b   80.000   O
c   800.000   O
d   8.000.000   O

DIE FRAGEN
KULTUR –
GANZ GROSSE OPER

FRAGE 1

Auf welcher Burg spielt Wagners Oper »Der Tannhäuser«?

a   Marienburg   O
b   Wartburg   O
c   Burg Hohenzollern   O
d   Schloss Neuschwanstein   O

FRAGE 2

Von Friedrich Schiller stammt das …

a   Lied von der Flocke.   O
b   Lied von der Glocke.   O
c   Spiel mit dem Tod.   O
d   Buch der Lieder.   O

FRAGE 3

Mit welcher Technik schuf Emil Nolde seine berühmten »Ungemalten Bilder«?

a   Aquarell   O
b   Aquatinta   O
c   Ölfarben   O
d   Acryl   O

FRAGE 4

Was waren Goethes letzte Worte?

a   Heinrich, mir graut vor Dir!

b   Das also war des Pudels Kern!

c   Mehr Licht!

d   Man lebt nur einmal in der Welt.

FRAGE 5

Welcher Philosoph war nicht Mitglied der Frankfurter Schule?

a   Theodor W. Adorno   O

b   Max Horkheimer   O

c   Herbert Marcuse   O

d   Ludwig Marcuse   O

FRAGE 6

Im Suhrkamp-Verlag wurde über Jahre ein Machtkampf zwischen der Verlegerin Ulla Berkéwicz und einem Miteigentümer ausgetragen. Er ist der Enkel eines berühmten Bildhauers. Wie hieß dieser Künstler?

a   Wilhelm Lehmbruck   O

b   Georg Kolbe   O

c   Auguste Rodin   O

d   Ernst Barlach   O

FRAGE 7

Welcher dieser deutschsprachigen Schriftsteller wurde in Deutschland geboren?

a   Peter Handke   O

b   Martin Suter   O

c   Daniel Kehlmann   O

d   Arno Geiger   O

FRAGE 8

Wie viele aus staatlichen Steuermitteln finanzierte Theater gibt es in Deutschland? Rund ...

a 15   O
b 75   O
c 125   O
d 150   O

FRAGE 9

Welcher bekannte deutsche Künstler trägt keinen Hut als Markenzeichen?

a Udo Lindenberg   O
b Gerhard Richter   O
c Edgar Hilsenrath   O
d Joseph Beuys   O

FRAGE 10

Die Melodie der deutschen Nationalhymne stammt aus einem Werk Joseph Haydns. Es handelt sich um ...

a das »Kaiserquartett«.   O
b die »Schöpfungsmesse«.   O
c das Capriccio »Acht Sauschneider müssen sein«.   O
d das Oratorium »Die Jahreszeiten«.   O

DIE FRAGEN
UNTERHALTUNG –
TATORT DEUTSCHLAND

FRAGE 1

Wie heißt das Model, das die TV-Show »Germany's Next Topmodel« moderiert?

a   Claudia Schiffer   O

b   Nadja Auermann   O

c   Heidi Klum   O

d   Tatjana Patitz   O

FRAGE 2

Welche deutsche Kriminalfilm-Serie läuft seit 1970 sonntags in der ARD?

a   Der Kommissar   O

b   Polizeiruf 110   O

c   Tatort   O

d   Derrick   O

FRAGE 3

Wer moderiert die »heute-show« im ZDF?

a   Oliver Welke   O

b   Claus Kleber   O

c   Marietta Slomka   O

d   Gundula Gause   O

FRAGE 4

In welcher TV-Serie spielen diese Schauspieler?

a   »Verbotene Liebe«

b   »Türkisch für Anfänger«

c   »Lindenstraße«

d   »Gute Zeiten, schlechte Zeiten«

FRAGE 5

1964 wurde in der ARD die erste Ausgabe einer Quiz-show mit dem Moderator Hans-Joachim Kulenkampff ausgestrahlt. Wie hieß sie?

a »Dalli Dalli«   O

b »Verstehen Sie Spaß?«   O

c »Die Montagsmaler«   O

d »Einer wird gewinnen«   O

FRAGE 6

Der Moderator Stefan Raab hat sich in seinen Shows mehrmals verletzt. Was ist ihm noch nicht widerfahren?

a Innenbandriss beim Speerwurf   O

b Fingerverstauchung beim Fußball   O

c Jochbeinbruch beim Sturz mit dem Mountainbike   O

d Beckenbruch beim Skifahren   O

FRAGE 7

Welche deutsche Sängerin hat den Eurovision Song Contest gewonnen?

a Nena   O

b Lena Meyer-Landrut   O

c Helene Fischer   O

d Ina Müller   O

FRAGE 8

Welche TV-Show hat Jörg Pilawa 2014 wiederbelebt?

a »Dalli Dalli« – Hans Rosenthal   O

b »Sport, Spiel, Spannung« – Klaus Havenstein   O

c »Wünsch dir was« – Dietmar Schönherr
   und Vivi Bach   O

d »Am laufenden Band« – Rudi Carrell   O

FRAGE 9

Welcher Teilnehmer des Dschungelcamps war früher Hamburger Innensenator?

a Ronald Schill   O

b Daniel Küblböck   O

c Thomas Rupprath   O

d Costa Cordalis   O

FRAGE 10

Welches deutschsprachige Lied hat es als Erstes auf Platz 1 der US-amerikanischen Single-Hitparade geschafft?

a »Wind of Change« – Scorpions   O

b »Rock me Amadeus« – Falco   O

c »99 Luftballons« – Nena   O

d »Ein bisschen Frieden« – Nicole   O

DIE FRAGEN
ESSEN –
CURRY UND WURST

FRAGE 1

Welche Mahlzeit gilt als Lieblingsgericht des ehemaligen Bundeskanzlers Helmut Kohl?

a Pfälzer Saumagen   O
b Kassler mit Sauerkraut   O
c Birnen, Bohnen, Speck   O
d Labskaus   O

FRAGE 2

Was ist ein bekanntes Kalbfleisch-Gericht?

a Dortmunder Kotelett   O
b Szegediner Gulasch   O
c Wiener Schnitzel   O
d Leipziger Allerlei   O

FRAGE 3

Woher kommt die bekannteste deutsche Bratwurst?

a Hamburg   O
b Thüringen   O
c Sachsen   O
d Bayern   O

FRAGE 4

Mit welchem Fleisch wird der Klassiker Eisbein mit Sauerkraut zubereitet?

a   Rind   O
b   Schaf   O
c   Schwein   O
d   Ziege   O

FRAGE 5

Welche Brotsorte unterscheidet die deutsche Küche von den übrigen europäischen Küchen?

a   Weißbrot   O
b   Baguette   O
c   Toastbrot   O
d   Schwarzbrot   O

FRAGE 6

Aus welchem Getreide wird das hochprozentige Getränk Korn gemacht?

a   Hafer   O
b   Weizen   O
c   Roggen   O
d   Gerste   O

FRAGE 7

Welcher deutsche Fürst hat in Deutschland den Kartoffelanbau durchgesetzt?

a   Karl der Große im 9. Jahrhundert   O
b   Friedrich der Große im 18. Jahrhundert   O
c   Wilhelm I. im 19. Jahrhundert   O
d   Wilhelm II. im 20. Jahrhundert   O

FRAGE 8

Mit welchem Nahrungsmittel machte die Hanse im Mittelalter in den Häfen der Nord- und Ostsee besonders gute Geschäfte?

a   Kaffee   O
b   Tee   O
c   Zucker   O
d   Salz   O

FRAGE 9

Woraus besteht Käsekuchen vor allem?

a   Quark   O
b   Emmentaler   O
c   Gouda   O
d   Joghurt   O

Wie nennt man dieses Gericht im Osten Deutschlands?

a   Schweinebraten

b   Broiler

c   Brathähnchen

d   Grillgockel

DIE FRAGEN
URLAUB –
WARUM SCHWEIFEN?

FRAGE 1

Was ist das höchste deutsche Bauwerk?

a   Commerzbank Tower in Frankfurt am Main   O

b   Berliner Fernsehturm   O

c   Kamin des Braunkohlekraftwerks Buschhaus   O

d   Ulmer Münster   O

FRAGE 2

In welche Richtung fährt die Quadriga auf dem Brandenburger Tor?

a   Osten   O

b   Westen   O

c   Süden   O

d   Norden   O

FRAGE 3

Wie viele Besucher zählt das Münchner Oktoberfest in jedem Jahr? Rund …

a   250.000   O

b   2 Millionen   O

c   4 Millionen   O

d   6 Millionen   O

FRAGE 4

**Dieses Schloss und die zugehörige Kirche
stehen in …**

a   Potsdam.

b   Heidelberg.

c   Quedlinburg.

d   Wittenberg.

FRAGE 5

Die Romantische Straße führt von …

a   Baden-Baden nach Freudenstadt.   O

b   Lübeck nach Rostock.   O

c   Würzburg nach Füssen.   O

d   Tübingen nach Fulda.   O

FRAGE 6

Wer ließ Schloss Neuschwanstein erbauen?

a   König Ludwig II.   O

b   Kaiser Wilhelm II.   O

c   König Friedrich II.   O

d   Kaiser Franz Joseph I.   O

FRAGE 7

Wohin fahren die meisten Deutschen in Urlaub?

a   Spanien   O

b   Deutschland   O

c   Italien   O

d   Österreich   O

Wie viele Campingplätze gibt es in Deutschland?
Rund ...

a 300   O
b 3.000   O
c 30.000   O
d 300.000   O

Aus welcher Zeit stammt die berühmte Altstadt
von Rothenburg ob der Tauber?

a Römerzeit   O
b Renaissance   O
c Mittelalter   O
d Romantik   O

Wo liegt der mit 42 Kilometern längste Sandstrand
Deutschlands?

a Sylt   O
b Föhr   O
c Rügen   O
d Usedom   O

DIE FRAGEN SPRACHE – KEIN U FÜR EIN X

FRAGE 1

Welcher Begriff ist nicht aus einer fremden Sprache übernommen?

a   Fenster   O
b   Karte   O
c   Frisör   O
d   Stuhl   O

FRAGE 2

Welcher Satz ist richtig?

a   Ich habe mich erschreckt.   O
b   Ich habe mich erschrocken.   O
c   Ich habe mir erschreckt.   O
d   Ich habe dich erschrocken.   O

FRAGE 3

Wie heißt es richtig?

a   Viele Delegierte   O
b   Alle Delegierte   O
c   Einige Delegierten   O
d   Wir Delegierten   O

FRAGE 4

Welcher Satz ist richtig?

a   Er hing Wäsche auf die Leine.

b   Er hängte Wäsche an der Leine.

c   Er hing Wäsche an die Leine.

d   Er hängte Wäsche auf die Leine.

FRAGE 5

Welcher Satz ist richtig?

a   Wir treffen uns in Katjas Eisdiele.   O
b   Wir treffen uns in Katja's Eisdiele.   O
c   Wir treffen uns in Katjas' Eisdiele.   O
d   Wir treffen uns in Katja ihre Eisdiele.   O

FRAGE 6

Welches Wort ist richtig geschrieben?

a   ausserdem   O
b   Aussage   O
c   Fuss   O
d   Buss   O

FRAGE 7

Welcher Satz ist falsch?

a   Er konnte nicht kommen, weil er krank war.   O
b   Er konnte nicht kommen, denn er war krank.   O
c   Er konnte nicht kommen, weil er war krank.   O
d   Er konnte nicht kommen, da er krank war.   O

Welcher Satz ist richtig?

a   Er sagte, er fährt nach Amsterdam.   O

b   Er sagte, er fahre nach Amsterdam.   O

c   Er sagte, er fuhr nach Amsterdam.   O

d   Er sagte, er fähre nach Amsterdam.   O

Wie lautet das Sprichwort?

a   Gut Ding will Eile haben.   O

b   Gut Ding will Weile haben.   O

c   Gut Ding will keiner haben.   O

d   Gut Ding will jeder haben.   O

Bitte vervollständigen Sie den Satz:
Besser einen Spatz in der Hand ...

a   als ein Storch auf dem Dach.   O

b   als ein Vogel im Kopf.   O

c   als eine Taube auf dem Dach.   O

d   als ein Klavier auf dem Fuß.   O

DIE FRAGEN
RELIGION –
GLAUBENSSACHEN

FRAGE 1

Wie viele Menschen in Deutschland sind konfessionslos? Rund …

a   ein Zehntel   O
b   ein Fünftel   O
c   ein Drittel   O
d   die Hälfte   O

FRAGE 2

Was heißt »Pastor«?

a   Bruder   O
b   Hirte   O
c   Diener   O
d   Gottessohn   O

FRAGE 3

Das Erzbistum Köln legte im Februar 2015 seine Finanzen offen. Mit welcher Summe stand der Dom in der Bilanz?

a   27 Euro   O
b   27 Millionen Euro   O
c   270 Millionen Euro   O
d   2,7 Milliarden Euro   O

FRAGE 4

Wo hielt sich Luther auf, als er 1521 das Neue Testament ins Deutsche übersetzte?

a   In der Wartburg bei Eisenach   O
b   Im Petersdom in Rom   O
c   In der Universität Wittenberg   O
d   Im Augustinerkloster in Erfurt   O

FRAGE 5

Wer gilt wegen seiner Missionstätigkeit im Germanien des 8. Jahrhunderts als »Apostel der Deutschen«?

a   Willibrord   O
b   Patrick   O
c   Bonifatius   O
d   Augustinus   O

FRAGE 6

An welchem Feiertag führen die Katholiken nach der Messe in der Regel eine Prozession durch?

a   Karfreitag   O
b   Aschermittwoch   O
c   Allerheiligen   O
d   Fronleichnam   O

FRAGE 7

Welches Jubiläum wird in Deutschland im Jahr 2017 gefeiert?

a   50 Jahre Zweites Vatikanisches Konzil   O

b   500 Jahre Reformation   O

c   1000 Jahre Kreuzzüge   O

d   2000 Jahre Christenverfolgung unter
    Kaiser Nero   O

FRAGE 8

Die meisten Muslime in Deutschland sind …

a   Ahmadiyya.   O

b   Sunniten.   O

c   Aleviten.   O

d   Schiiten.   O

FRAGE 9

In einem bekannten Kirchenlied heißt es: Geh aus mein Herz und suche Freud, in dieser lieben …

a   Frühlingszeit.   O

b   Sommerzeit.   O

c   Herbstzeit.   O

d   Winterzeit.   O

FRAGE 10

Wo steht diese Synagoge?

a   München

b   Berlin

c   Düsseldorf

d   Frankfurt am Main

DIE FRAGEN
INTEGRATION –
NEUE HEIMAT

FRAGE 1

**Welcher Bundespräsident prägte den Satz
»Der Islam gehört zu Deutschland«?**

a   Johannes Rau   O

b   Joachim Gauck   O

c   Christian Wulff   O

d   Horst Köhler   O

FRAGE 2

**In Deutschland leben etwa 80 Millionen Menschen.
Wie viele davon sind Ausländer? Rund …**

a   1 Million   O

b   7 Millionen   O

c   15 Millionen   O

d   30 Millionen   O

FRAGE 3

**Wer ist der erste nicht in Deutschland geborene
deutsche Fußball-Nationalspieler, der mehr als
100 Länderspiele absolviert hat?**

a   Lukas Podolski   O

b   Mario Gomez   O

c   Pierre Littbarski   O

d   Miroslav Klose   O

FRAGE 4

In welcher deutschen Stadt leben die meisten Japaner?

a   Hamburg

b   Düsseldorf

c   München

d   Berlin

FRAGE 5

Wann dürfen Muslime während des Fastenmonats Ramadan essen und trinken?

a   Vor dem Morgengrauen und nach dem
    Sonnenuntergang   O

b   Mittags zwischen 12 und 14 Uhr   O

c   Am Wochenende   O

d   Nur abends nach Sonnenuntergang   O

FRAGE 6

Wie viele Mitglieder zählen die jüdischen Gemeinden in Deutschland? Etwa …

a   50.000   O

b   100.000   O

c   300.000   O

d   1 Million   O

FRAGE 7

Ende des 19. Jahrhunderts zogen viele Bergarbeiter aus dem Ausland ins Ruhrgebiet. Woher kamen sie vor allem?

a   Russland   O

b   Tschechien   O

c   Polen   O

d   Frankreich   O

FRAGE 8

Aus welchem Land stammen die meisten Ausländer in Deutschland?

a   Türkei ⁣ O

b   Polen ⁣ O

c   Italien ⁣ O

d   Rumänien ⁣ O

FRAGE 9

Wer prägte den Satz »Multikulti ist gescheitert«?

a   Buchautor Thilo Sarrazin ⁣ O

b   Politiker Joschka Fischer ⁣ O

c   Neuköllns langjähriger Bezirksbürgermeister
    Heinz Buschkowsky ⁣ O

d   Ehemaliger AfD-Chef Bernd Lucke ⁣ O

FRAGE 10

Der Einbürgerungstest für Ausländer, die die deutsche Staatsangehörigkeit erwerben wollen, besteht aus drei großen Themenbereichen. Welcher gehört nicht dazu?

a   Leben in der Demokratie ⁣ O

b   Geschichte und Verantwortung ⁣ O

c   Sprache und Spiel ⁣ O

d   Mensch und Gesellschaft ⁣ O

DIE AUFLÖSUNG

GEOGRAFIE

FRAGE 1

An wie viele Staaten grenzt Deutschland?

> 9

FRAGE 2

Aus welcher Windrichtung weht es in Deutschland am häufigsten?

> **Westen**

FRAGE 3

Welche der folgenden Aussagen ist falsch?

> **Baden-Württemberg ist weniger dicht besiedelt als Niedersachsen.**

FRAGE 4

Wenn man sich auf einem Floß von der Quelle bis zur Mündung treiben lässt – auf welchem Fluss legt man die längste Strecke innerhalb Deutschlands zurück?

> **Rhein**

FRAGE 5

Wie viel Prozent Deutschlands sind von Wald bedeckt?
Rund …

30 Prozent

FRAGE 6

Wie hoch ist die höchste natürliche Erhebung in Bremen?

33 Meter

FRAGE 7

Welcher dieser deutschen Nationalparks ist der kleinste?

Jasmund

FRAGE 8

Welcher See ist der größte?

Bodensee

FRAGE 9

Was zählt nicht zu den Höhenzügen in Deutschland?

Hintere Schwärze

FRAGE 10

Wie viel Prozent Deutschlands werden landwirtschaftlich
genutzt? Rund …

die Hälfte

GESCHICHTE

FRAGE 1

Was konnte Karl der Große nicht?

Schreiben

FRAGE 2

Die Philosophin Hannah Arendt schrieb 1961 über den Jerusalemer Prozess gegen den Holocaust-Organisator Adolf Eichmann und prägte den Begriff von der …

Banalität des Bösen.

FRAGE 3

Welche Stadt zählte nicht zu den Hauptstädten des Heiligen Römischen Reichs?

Berlin

FRAGE 4

Wo kniete 1970 der damalige Bundeskanzler Willy Brandt?

Am Mahnmal für den Aufstand im Warschauer Ghetto

FRAGE 5

Wofür stand ursprünglich der Begriff 08/15? Für …

ein deutsches Maschinengewehr aus dem Ersten Weltkrieg

FRAGE 6

Kaiser Wilhelm II. sagte am 4. August 1914: »Ich kenne keine Parteien mehr, ich kenne nur noch …

Deutsche.«

FRAGE 7

Welcher deutsche Spion arbeitete im Zweiten Weltkrieg für die Sowjetunion in Japan und wurde dort 1944 hingerichtet?

Richard Sorge

FRAGE 8

Wer ist dieser Mann?

August Bebel

FRAGE 9

Otto der Große besiegte Ungarn in der Schlacht auf dem Lechfeld. Wann?

955

FRAGE 10

Wo wurde der Deutsche Bund gegründet?

Wiener Kongress

DDR UND BRD

FRAGE 1

Vor der ersten freien Wahl in der DDR, am 18. März 1990, amtierte Angela Merkel als Pressesprecherin. Für wen?

Demokratischer Aufbruch

FRAGE 2

Von Juni 1948 bis Mai 1949 wurden die Bürger von West-Berlin durch eine Luftbrücke versorgt. Warum?

Die Sowjetunion unterbrach den gesamten Verkehr auf dem Landweg.

FRAGE 3

1971 wurde der Vorsitzende des Zentralkomitees der SED, Walter Ulbricht, abgelöst. Von wem?

Erich Honecker

FRAGE 4

Wann wurde dieses Foto gemacht?

November 1989

FRAGE 5

In Berlin-Mitte, gegenüber der Museumsinsel, wird das Stadtschloss wieder aufgebaut. Was stand dort zuvor?

Palast der Republik

FRAGE 6

Welcher deutsche Dirigent spielte eine wichtige Rolle beim Sturz des DDR-Regimes 1989?

Kurt Masur

FRAGE 7

Wer war wann Staatschef der DDR? Bringen Sie die Namen in die richtige chronologische Reihenfolge!

Honecker, Krenz, Modrow, de Maiziére

FRAGE 8

Wer waren die Chefunterhändler von BRD und DDR
bei den Verhandlungen zum Einigungsvertrag 1990?

Wolfgang Schäuble und Günther Krause

FRAGE 9

Am 4. November 1989 traten mehr als 20 Redner
bei einer Großdemonstration auf dem Ost-Berliner
Alexanderplatz auf. Wer war nicht dabei?

Wolf Biermann

FRAGE 10

Was zeigte die Flagge der DDR nicht?

Sichel

POLITIK

FRAGE 1

Wem wurde der Doktortitel nicht aberkannt?

Bernd Althusmann

FRAGE 2

In welcher Stadt wurde das 13. Schuljahr schon vor dem Jahr 2000 abgeschafft?

Dresden

FRAGE 3

Welcher Ex-Bundeskanzler bezeichnete den russischen Präsidenten Wladimir Putin als »lupenreinen Demokraten«?

Gerhard Schröder

FRAGE 4

Welcher Politiker war Vorsitzender zweier verschiedener im Bundestag vertretener Parteien?

Oskar Lafontaine

FRAGE 5

Vor Angela Merkel regierte bereits ein Bundeskanzler mit einer Großen Koalition – wer war das?

Kurt Georg Kiesinger

FRAGE 6

Welcher der genannten deutschen Politiker wurde nicht durch ein Attentat verletzt?

Kurt Schumacher

FRAGE 7

Wer ist kein Arzt?

Christian Lindner

FRAGE 8

Wie viele Frauen sind unter den Studienanfängern in Deutschland? Rund …

50 Prozent

FRAGE 9

In welchem Bundesland wurde erstmals ein Politiker von Bündnis 90/Die Grünen zum Ministerpräsidenten gewählt?

Baden-Württemberg

FRAGE 10

Bei der Wahlparty welcher Partei wurde nach der Bundestagswahl 2013 der Hit »Tage wie diese« von den »Toten Hosen« gespielt?

CDU

VERFASSUNG

FRAGE 1

Die Präambel des Grundgesetzes beginnt mit den
Worten: Im Bewusstsein seiner Verantwortung vor …

Gott und den Menschen

FRAGE 2

Das Grundgesetz gewährt in Artikel 16a ein Asylrecht.
Wem?

Politisch Verfolgten

FRAGE 3

Welches Bundesland wurde später gegründet als alle
Bundesländer, an die es grenzt?

Saarland

FRAGE 4

Dies ist das Wappen
von …

Sachsen-Anhalt.

FRAGE 5

Wem ist laut Grundgesetz ein Bundestagsabgeordneter unterworfen?

Seinem Gewissen

FRAGE 6

Bei der Bundestagswahl gilt die Fünf-Prozent-Hürde. Welche galt für die Europawahl 2014?

Keine

FRAGE 7

Wie wird das Ruhegehalt bezeichnet, das einem Bundespräsidenten nach seinem Ausscheiden aus dem Amt zusteht?

Ehrensold

FRAGE 8

Ein Abgeordneter des Deutschen Bundestags hat im Jahr 2015 Anspruch auf eine monatliche Diät in Höhe von rund …

9.000 Euro.

FRAGE 9

Was bestimmt darüber, wie viele Stimmen ein Bundesland im Bundesrat hat?

Die Einwohnerzahl des Bundeslandes

FRAGE 10

Wer kann in Deutschland einen Menschen begnadigen,
der als Terrorist verurteilt wurde?

> **Bundespräsident**

WIRTSCHAFT

FRAGE 1

Welcher ist Europas größter Autokonzern?

> **Volkswagen**

FRAGE 2

Welche deutsche Großstadt hat einen neuen Flughafen
errichten lassen, dessen Eröffnung sich wegen Baumängeln mindestens bis 2017 verzögern wird?

> **Berlin**

FRAGE 3

Wie hoch ist die aktuelle deutsche Staatsverschuldung?
Rund …

> **2 Billionen Euro**

FRAGE 4

Wie viele Menschen waren Anfang 2015 in Deutschland offiziell arbeitslos?

Rund 3 Millionen

FRAGE 5

Wer ist der größte Handelspartner Deutschlands?

Frankreich

FRAGE 6

Welche Institution gehört nicht zur sogenannten Troika, die Griechenland in der Schuldenkrise berät und kontrolliert?

Europäische Bank für Wiederaufbau und Entwicklung

FRAGE 7

Welche Region gilt als Wiege der deutschen Arbeiter-bewegung?

Sachsen

FRAGE 8

Wie hoch ist der sogenannte Mindestlohn in Deutsch-land?

8,50 Euro

FRAGE 9

Wie hoch ist das faktische Renteneintrittsalter im Durchschnitt?

63 Jahre

FRAGE 10

Wer ist das?

Jens Weidmann, Bundesbank

ERFINDUNGEN

FRAGE 1

Wer hat die Technologie des MP3-Players entwickelt?

Karlheinz Brandenburg

FRAGE 2

Wie viele Patentanmeldungen kamen 2014 aus Deutschland? Rund ...

30.000

FRAGE 3

Wer unternahm 1888 die erste Fernfahrt – von Mannheim nach Pforzheim – mit einem Automobil?

Bertha Benz

FRAGE 4

Wer hat das erfunden?
Ein Mann namens …

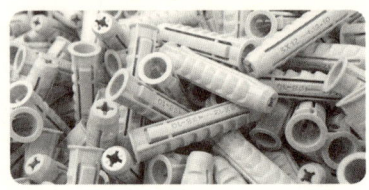

Fischer

FRAGE 5

Ein Unternehmer aus Bonn mischte 1922 unter anderem Zucker, Glukosesirup, Wasser und Gelatine. Aus der Masse formte er ein weltweit erfolgreiches Produkt: Gummibärchen. Wie hieß der Mann?

Hans Riegel

FRAGE 6

Wilhelm Conrad Röntgen entdeckte die nach ihm benannten Strahlen. Wann?

1895

FRAGE 7

Der deutsche Pädagoge Friedrich Fröbel gründete 1840 in Bad Blankenburg Deutschlands ...

ersten Kindergarten.

FRAGE 8

Welchen Begriff prägte Werner von Siemens 1879?

Elektrotechnik

FRAGE 9

In welcher deutschen Stadt ist die Universität nach Johannes Gutenberg, dem Erfinder des Buchdrucks, benannt?

Mainz

FRAGE 10

In welchem Land arbeitete der deutsche Raketen-ingenieur Wernher von Braun, Konstrukteur der »Vergeltungswaffe« V2, nach dem Zweiten Weltkrieg viele Jahre lang?

USA

SPORT

FRAGE 1

1985 gewann Boris Becker erstmals das Tennisturnier
in Wimbledon. Gegen wen?

Kevin Curren

FRAGE 2

Welcher deutsche Boxer kämpfte gegen den »Braunen
Bomber« Joe Louis?

Max Schmeling

FRAGE 3

Der Deutsche Fußballbund ist der größte deutsche
Sportverband. Welcher ist der zweitgrößte?
Der Deutsche ...

Turner-Bund

FRAGE 4

Sie gewann acht Gold-
und vier Silbermedaillen
bei Olympischen Spielen –
deutscher Rekord. Wie
heißt die Sportlerin?

Birgit Fischer

FRAGE 5

Michael Schumacher war bei mehreren Rennställen der Formel 1 beschäftigt. Für wen fuhr er nie?

Williams-Renault

FRAGE 6

1972 gewann Ulrike Meyfarth im Alter von 16 Jahren den Hochsprung-Wettbewerb der Olympischen Spiele. Wann gewann sie ihre zweite Goldmedaille?

1984 in Los Angeles

FRAGE 7

Wer hat die meisten Länderspiele für die Fußball-Nationalmannschaft bestritten?

Lothar Matthäus

FRAGE 8

»Flieg, Albatros, flieg« – wen feuerte Reporter Jörg Wontorra mit diesen Worten an?

Schwimmer Michael Groß

FRAGE 9

In welcher deutschen Stadt wurden noch keine Wettkämpfe der Olympischen Spiele ausgetragen?

Hamburg

FRAGE 10

Wie viele Menschen machen nach Angaben des Deutschen Olympischen Sportbundes jedes Jahr das Sportabzeichen?

800.000

KULTUR

FRAGE 1

Auf welcher Burg spielt Wagners Oper »Der Tannhäuser«?

Wartburg

FRAGE 2

Von Friedrich Schiller stammt das …

Lied von der Glocke.

FRAGE 3

Mit welcher Technik schuf Emil Nolde seine berühmten »Ungemalten Bilder«?

Aquarell

FRAGE 4

Was waren Goethes letzte Worte?

Mehr Licht!

FRAGE 5

Welcher Philosoph war nicht Mitglied der Frankfurter Schule?

Ludwig Marcuse

FRAGE 6

Im Suhrkamp-Verlag wurde über Jahre ein Machtkampf zwischen der Verlegerin Ulla Berkéwicz und einem Miteigentümer ausgetragen. Er ist der Enkel eines berühmten Bildhauers. Wie hieß dieser Künstler?

Ernst Barlach

FRAGE 7

Welcher dieser deutschsprachigen Schriftsteller wurde in Deutschland geboren?

Daniel Kehlmann

FRAGE 8

Wie viele aus staatlichen Steuermitteln finanzierte Theater gibt es in Deutschland? Rund …

150

FRAGE 9

Welcher bekannte deutsche Künstler trägt keinen Hut
als Markenzeichen?

Gerhard Richter

FRAGE 10

Die Melodie der deutschen Nationalhymne stammt aus
einem Werk Joseph Haydns. Es handelt sich um …

das »Kaiserquartett«.

UNTERHALTUNG

FRAGE 1

Wie heißt das Model, das die TV-Show »Germany's Next
Topmodel« moderiert?

Heidi Klum

FRAGE 2

Welche deutsche Kriminalfilm-Serie läuft seit 1970
sonntags in der ARD?

Tatort

FRAGE 3

Wer moderiert die »heute-show« im ZDF?

> Oliver Welke

FRAGE 4

In welcher TV-Serie spielen diese Schauspieler?

> »Lindenstraße«

FRAGE 5

1964 wurde in der ARD die erste Ausgabe einer Quizshow mit dem Moderator Hans-Joachim Kulenkampff ausgestrahlt. Wie hieß sie?

> »Einer wird gewinnen«

FRAGE 6

Der Moderator Stefan Raab hat sich in seinen Shows mehrmals verletzt. Was ist ihm noch nicht widerfahren?

> Beckenbruch beim Skifahren

FRAGE 7

Welche deutsche Sängerin hat den Eurovision Song Contest gewonnen?

> Lena Meyer-Landrut

FRAGE 8

Welche TV-Show hat Jörg Pilawa 2014 wiederbelebt?

»Am laufenden Band« – Rudi Carrell

FRAGE 9

Welcher Teilnehmer des Dschungelcamps war früher Hamburger Innensenator?

Ronald Schill

FRAGE 10

Welches deutschsprachige Lied hat es als Erstes auf Platz 1 der US-amerikanischen Single-Hitparade geschafft?

»Rock me Amadeus« – Falco

ESSEN

FRAGE 1

Welche Mahlzeit gilt als Lieblingsgericht des ehemaligen Bundeskanzlers Helmut Kohl?

Pfälzer Saumagen

FRAGE 2

Was ist ein bekanntes Kalbfleisch-Gericht?

Wiener Schnitzel

FRAGE 3

Wo kommt die bekannteste deutsche Bratwurst her?

Thüringen

FRAGE 4

Mit welchem Fleisch wird der Klassiker Eisbein mit Sauerkraut zubereitet?

Schwein

FRAGE 5

Insbesondere welche Brotsorte unterscheidet die deutsche Küche von den übrigen europäischen Küchen?

Schwarzbrot

FRAGE 6

Aus welchem Getreide wird das hochprozentige Getränk Korn gemacht?

Weizen

FRAGE 7

Welcher deutsche Fürst hat in Deutschland den Kartoffelanbau durchgesetzt?

Friedrich der Große im 18. Jahrhundert

FRAGE 8

Mit welchem Nahrungsmittel machte die Hanse im Mittelalter in den Häfen der Nord- und Ostsee besonders gute Geschäfte?

Salz

FRAGE 9

Woraus besteht Käsekuchen vor allem?

Quark

FRAGE 10

Wie nennt man dieses Gericht im Osten Deutschlands?

Broiler

URLAUB

!

FRAGE 1

Was ist das höchste deutsche Bauwerk?

Berliner Fernsehturm

FRAGE 2

In welche Richtung fährt die Quadriga auf dem Brandenburger Tor?

Osten

FRAGE 3

Wie viele Besucher zählt das Münchner Oktoberfest in jedem Jahr? Rund …

6 Millionen

FRAGE 4

Dieses Schloss und die zugehörige Kirche stehen in …

Wittenberg.

FRAGE 5

Die Romantische Straße führt von …

Würzburg nach Füssen.

FRAGE 6

Wer ließ Schloss Neuschwanstein erbauen?

König Ludwig II.

FRAGE 7

Wohin fahren die meisten Deutschen in Urlaub?

Deutschland

FRAGE 8

Wie viele Campingplätze gibt es in Deutschland? Rund …

3.000

FRAGE 9

Aus welcher Zeit stammt die berühmte Altstadt von
Rothenburg ob der Tauber?

Mittelalter

FRAGE 10

Wo liegt der mit 42 Kilometern längste Sandstrand
Deutschlands?

Usedom

SPRACHE

FRAGE 1

Welcher Begriff ist nicht aus einer fremden Sprache übernommen?

Stuhl

FRAGE 2

Welcher Satz ist richtig?

Ich habe mich erschrocken.

FRAGE 3

Wie heißt es richtig?

Viele Delegierte

FRAGE 4

Welcher Satz ist richtig?

Er hängte Wäsche auf die Leine.

FRAGE 5

Welcher Satz ist richtig?

Wir treffen uns in Katjas Eisdiele.

FRAGE 6

Welches Wort ist richtig geschrieben?

Aussage

FRAGE 7

Welcher Satz ist falsch?

Er konnte nicht kommen, weil er war krank.

FRAGE 8

Welcher Satz ist richtig?

Er sagte, er fahre nach Amsterdam.

FRAGE 9

Wie lautet das Sprichwort?

Gut Ding will Weile haben.

FRAGE 10

Bitte vervollständigen Sie den Satz: Besser einen Spatz in der Hand …

als eine Taube auf dem Dach.

RELIGION

FRAGE 1

Wie viele Menschen in Deutschland sind konfessionslos?
Rund …

ein Drittel

FRAGE 2

Was heißt »Pastor«?

Hirte

FRAGE 3

Das Erzbistum Köln legte im Februar 2015 seine Finanzen
offen. Mit welcher Summe stand der Dom in der Bilanz?

27 Euro

FRAGE 4

Wo hielt sich Luther auf, als er 1521 das Neue Testament
ins Deutsche übersetzte?

In der Wartburg bei Eisenach

FRAGE 5

Wer gilt wegen seiner Missionstätigkeit im Germanien
des 8. Jahrhunderts als »Apostel der Deutschen«?

Bonifatius

FRAGE 6

An welchem Feiertag führen die Katholiken nach der Messe in der Regel eine Prozession durch?

Fronleichnam

FRAGE 7

Welches Jubiläum wird in Deutschland im Jahr 2017 gefeiert?

500 Jahre Reformation

FRAGE 8

Die meisten Muslime in Deutschland sind ...

Sunniten.

FRAGE 9

In einem bekannten Kirchenlied heißt es: Geh aus mein Herz und suche Freud, in dieser lieben ...

Sommerzeit.

FRAGE 10

Wo steht diese Synagoge?

Berlin

INTEGRATION

FRAGE 1

Welcher Bundespräsident prägte den Satz »Der Islam gehört zu Deutschland«?

Christian Wulff

FRAGE 2

In Deutschland leben etwa 80 Millionen Menschen. Wie viele davon sind Ausländer? Rund …

7 Millionen

FRAGE 3

Wer ist der erste nicht in Deutschland geborene deutsche Fußball-Nationalspieler, der mehr als 100 Länderspiele absolviert hat?

Miroslav Klose

FRAGE 4

In welcher deutschen Stadt leben die meisten Japaner?

Düsseldorf

FRAGE 5

Wann dürfen Muslime während des Fastenmonats Ramadan essen und trinken?

Vor dem Morgengrauen und nach dem Sonnenuntergang

FRAGE 6

Wie viele Mitglieder zählen die jüdischen Gemeinden in Deutschland? Etwa ...

100.000

FRAGE 7

Ende des 19. Jahrhunderts zogen viele Bergarbeiter aus dem Ausland ins Ruhrgebiet. Woher kamen sie vor allem?

Polen

FRAGE 8

Aus welchem Land stammen die meisten Ausländer in Deutschland?

Türkei

FRAGE 9

Wer prägte den Satz »Multikulti ist gescheitert«?

Neuköllns langjähriger Bezirksbürgermeister Heinz Buschkowsky

Der Einbürgerungstest für Ausländer, die die deutsche Staatsangehörigkeit erwerben wollen, besteht aus drei großen Themenbereichen. Welcher gehört nicht dazu?

Sprache und Spiel

DAS ERGEBNIS

Meine Punktzahl

Geografie

Geschichte

DDR und BRD

Politik

Verfassung

Wirtschaft

Erfindungen

Sport

Kultur

Unterhaltung

Essen

Urlaub

Sprache

Religion

Integration

Insgesamt   Punkte

0–25 Punkte: Teilnahmebestätigung

Macht ja nichts, dabei sein war alles. Und das Gute ist: Wer wenig weiß, kann noch viel lernen. In diesem Sinne haben Sie allerbeste Chancen, Ihre Kenntnisse zu erweitern und zu vertiefen. Nur Mut!

26–50 Punkte: Seepferdchen

Noch jeder hat klein angefangen, und Sie verfügen schon mal über die erforderlichen Kenntnisse, um nicht im Meer des Wissens zu ertrinken. Bravo! Und nicht vergessen: Was Hänschen nicht gelernt hat, kann Hans sehr wohl noch lernen.

51–75 Punkte: Siegerurkunde

Alle Achtung, Sie haben knapp die Hälfte der Aufgaben richtig gelöst. Sehen Sie's unbedingt positiv, das Glas ist halb voll. Reisen Sie doch mal durch Deutschland, schauen sich um, lesen Zeitung: Dann werden Sie bald noch mehr wissen.

76–100 Punkte: Ehrenurkunde

Herzlichen Glückwunsch, Sie kennen Deutschland wirklich gut! Dafür gibt's eine Ehrenurkunde von uns – anders als bei den Bundesjugendspielen leider ohne Unterschrift des Bundespräsidenten, aber natürlich ebenfalls als Anerkennung für eine tolle Leistung.

101–125 Punkte: Meisterbrief

Sie haben fast alle Aufgaben gemeistert, viel besser geht es nicht – unseren Respekt! Vermutlich ärgern Sie sich selbst am meisten darüber, dass Sie bei einigen Aufgaben gepatzt haben. Aber natürlich muss man nicht alles wissen, was hier gefragt wurde; Ihr Testergebnis ist auf jeden Fall hervorragend.

126–150 Punkte: Nobelpreis

So gut wie Sie kennen Deutschland nur sehr wenige, das ist meisterhaft. Könnten wir Titel verleihen, müsste es in Ihrem Fall der Nobelpreis sein. Den haben bisher übrigens rund 100 Deutsche erhalten. Ach, auch das wussten Sie schon? Hatten wir uns bereits gedacht.

WAS WIR WISSEN – UND WAS NICHT: EINE KLEINE HEIMATKUNDE

DIE EIGENSINNIGE REPUBLIK

Ein Essay von Dirk Kurbjuweit

Der Beitritt zur Bundesrepublik tilgte die DDR von den Landkarten. Aber hat die deutsche Vereinigung auch die Bundesrepublik verändert? Zunächst sah es so aus, als würde alles weitergehen wie gewohnt – bis Angela Merkel kam. Denn heute ist dies ein anderes Deutschland.

Der Westen wird sich den Osten einverleiben und die Früchte der Revolution in Gewinne seiner Unternehmen umwandeln. Von der DDR wird nichts bleiben, ihre Bürger müssen sich fremden Verhältnissen unterwerfen. Es kommt zu einer Übernahme, zu der die Revolutionäre freundlich eingeladen haben, die aber feindlich ausgeführt wird, als Vertilgung, Ausmerzung dessen, was der deutsche Osten einmal war. Die Bundesrepublik wird sich schlicht ausdehnen, und das wird es dann gewesen sein.

Das waren die Erwartungen, nachdem die Euphorie der Revolution, die Sektlaune des Mauerfalls am 9. November, verflogen war. Noch schlimmer: Die aufgepumpte Bundesrepublik könne sich rückwärts entwickeln, zu einem neu-alten Reich des Bösen. Der Schriftsteller Günter Grass sagte im Februar 1990: »Die grauenhafte und mit nichts zu vergleichende Erfahrung Auschwitz, die wir und die Völker Europas mit uns gemacht haben, schließt einen deutschen Einheitsstaat aus.« Grass war für eine Konföderation, und sollte es doch ein Einheitsstaat werden, »wird ihm das Scheitern vorgeschrieben sein«.

An diese Vorschrift hielt sich die Bundesrepublik nicht. Ein Scheitern konnte, wenn nicht alles täuscht, vermieden werden. Aber was ist mit dem anderen Verdacht, Übernahme? Kommerzialisierte Revolution? Haben die mutigen Bürger von Leipzig oder Halle nur das Heer der Konsumenten erweitert, ohne in ihrem neuen Staat politisch etwas zu verändern?

Eine Revolution hat zwei Ziele: Sie will etwas Altes beenden. Und sie will etwas Neues begründen. Ziel eins haben die 89er erreicht, der Staat DDR ist untergegangen. Mit Ziel zwei ist es schwieriger. Die Bundesrepublik hat sich über den Osten gestülpt, das Neue war etwas Altbekanntes, zunächst jedenfalls. Der Westen expandierte nach Osten.

Doch nun, 25 Jahre nach der deutschen Vereinigung, zeigt sich, dass dies nicht die ganze Geschichte ist. Die Revolution hat auch etwas Neues möglich gemacht, eine andere Bundesrepublik. Zwar sind die Institutionen geblieben, zwar herrscht die westdeutsche Wirtschaft über das gesamte Land, aber da ist noch eine andere Strömung. Kann es sein, dass die Bundesrepublik, die doch seit 1949 Richtung Westen blickte, seit einigen Jahren östlicher geworden ist?

Nichts hat dazu mehr beigetragen als die Bundeskanzlerin aus dem Osten, Angela Merkel. Sie ist eine Demokratin, eine Freundin der Freiheit, sie hat nicht eine große DDR geschaffen, aber sie führt dieses Land so, dass man sich hier und dort an die DDR erinnert fühlen kann.

Eine Diktatur fürchtet den offenen Diskurs, den Streit und lebt von der Fiktion der Einigkeit. Der Herrscher oder die Partei behauptet, den Volkswillen zu exekutieren, und da der einheitlich sein soll, stehen alle unter Konsenszwang. Stille im Land gilt als Zustimmung. Mit diesem System ist Merkel aufgewachsen.

Elemente davon finden sich in ihrem Politikstil wieder. Offener Streit ist ihr verhasst, sie stößt keine Diskurse an, sie fühlt sich dann wohl, wenn Stille herrscht. Sie regiert am liebsten mit einer Großen Koalition, da sie hier einen breiten Konsens in kleinen Runden herstellen kann. Es ist ruhig geworden in der Bundesrepublik.

Vielen Bürgern gefällt das. Die Ostdeutschen sind es so gewohnt. Den Westdeutschen war das angelsächsische Modell mit den Dualismen und hitzig ausgetragenen Konflikten in der Mehrheit schon früher suspekt. Auch die Franzosen streiten härter als die Deutschen. Mit Merkel haben die Deutschen zu sich gefunden.

Aus Union und SPD hat sie eine neue SED geschmiedet, eine Sozialdemokratische Einheitspartei, die den Sozialkonsens üppig bedient, mit Geld für Familien, für Rentner, mit dem Mindestlohn. Die einzige Partei, die ein bisschen Sympathie für den angelsächsischen Kapitalismus aufbringen konnte – die FDP –, ist beinahe verschwunden.

Während Merkel das DDR-Element der diskursiven Stille in die bundesdeutsche Politik trägt, steht Bundespräsident Joachim Gauck, auch ein Ostdeutscher, für die vernehmliche Dissidenz. Als Pfarrer in Rostock war Gauck kein Widerstandskämpfer, aber doch ein Bürgerrechtler. Deren energischen Freiheitsbegriff trägt er in die bundesdeutsche Politik, auch mit der Botschaft, dass Freiheit erkämpft oder verteidigt werden muss, zur Not mit Waffen. Den meisten Ärger handelte er sich mit einer Partei ein, deren Wurzeln ebenfalls in der DDR liegen, der Linken, die zum großen Teil aus der SED-Nachfolgepartei PDS hervorgegangen ist und die sich später mit Abtrünnigen der SPD vereinte. Die Linke ist so stark, dass ohne sie keine linke Mehrheit zustande kommt. Die SPD wollte auf Bundesebene bislang aber nicht mit der Linken koalieren. Damit ist eine ostdeutsche Partei dafür verantwortlich, dass eine ostdeutsche Bundeskanzlerin lange an der Macht bleiben und mit ostdeutscher Prägung regieren kann. Will noch einer sagen, dass die Bundesrepublik nach dem Mauerfall die alte Bundesrepublik geblieben ist?

Allerdings hängt dieser Befund stark an Merkel und könnte damit vergänglich sein. Aber auch die Nation hat sich verändert, hat eine neue Mitte gefunden.

Bis 1945 hatten die Deutschen nur 74 Jahre lang in einem gemeinsamen Staat gelebt. Vielleicht fiel es dem Westen der Nation deshalb so leicht, den Gedanken an die Einheit aufzugeben. Konrad Adenauer (CDU), der erste Bundeskanzler, sah das Heil seiner Bundesrepublik bei den Westmächten. Die Stalin-Noten, die zu Beginn der Fünfzigerjahre eine Einheit um den Preis der Neutralität in Aussicht stellten, nahm er nicht ernst. Die Ostdeutschen waren damit im Stich gelassen.

Die Westdeutschen gingen den Weg nach Westen, und spätestens in den Siebzigerjahren meinten die meisten das Wort »Brüder und Schwestern« nur noch ironisch. Fremdheit war da, wurde aber auch hergestellt. Viele Westdeutsche wollten sich nicht zuerst als Deutsche verstehen, sondern als Europäer, vor allem aus Scham gegenüber der Nazivergangenheit. Ein gängiger Satz war: Ein Brite oder ein Franzose ist mir näher als ein Ostdeutscher. Das klang lässig.

Auf der komfortableren Seite der Mauer fand man die Menschen dahinter mit den Jahren immer merkwürdiger: große Athleten, gedopt natürlich, aber kleinliche Grenzer, alles so spießig, Tempo auf der Autobahn exakt 100, Spitzel überall, und dann noch diese komisch verwaschenen Jeans, leider sind diese armen Leute hinter dem Todesstreifen eingesperrt, aber irgendwie auch ein bisschen freiwillig. In ihren Vorstellungen bastelten die Westler sich einen Ostdeutschen zurecht, der so fremd war, dass man mit dem gar nicht wiedervereinigt sein wollte. Und übersahen dabei, dass Konsumniveau und Freiheitsgrad nicht über tiefer liegende Mentalitäten bestimmen, jedenfalls nicht in 40 Jahren alles verändern. Historisch ist das ein Wimpernschlag.

Die Bürger der DDR hatten sich nicht so stark entfremdet, obwohl die SED sie darauf verpflichten wollte. Das Nachbarland im Westen blieb ein Hort der Sehnsüchte und Hoffnungen, nach einem höheren Konsumniveau, nach einem höheren Freiheitsgrad. Nach ihrer Revolution machten sie in Wahrheit keinen Schritt in die totale Fremde. Denn die Bürger aus Ost und West blieben trotz der Trennung in ihrer politischen Mentalität relativ dicht beieinander.

Die Deutschen schätzen einen starken Sozialstaat. In der DDR schaffte er eine Rundumversorgung auf niedrigem Niveau. In der Bundesrepublik ist er nicht so umfassend, bietet aber gleichwohl einen besseren Lebensstandard.

Ost und West neigen zum Antikapitalismus. In der DDR war er systemisch angelegt, in der Bundesrepublik entwickelte sich die Sonderform des Rheinischen Kapitalismus, der weniger freizügig war als das angelsächsische Modell und mehr Staatseinfluss zuließ.

Der Historiker Hans-Ulrich Wehler hat herausgearbeitet, dass es schon im Deutschland des 19. Jahrhunderts den Wunsch nach einem »socialen Königtum« gab. Die Hoffnungen richteten sich auf den starken Staat, nicht auf das Individuum. Das ist der entscheidende Unterschied zu Briten oder Amerikanern.

Die Deutschen haben einen pazifistischen Zug, der sich nach der Katastrophe des Zweiten Weltkriegs auf beiden Seiten der Grenze entwickelt hat. In der DDR und in der Bundesrepublik entstanden besonders aktive Friedensbewegungen.

Die Deutschen frönen, bei aller Faszination gegenüber

dem Amerikanischen, dem Antiamerikanismus. In der DDR war er staatlich verordnet, aber die Bürger wussten selbst, dass US-Raketen ihr Land verwüsten würden, wenn ein Krieg ausbräche. In der Bundesrepublik mischten sich in die Hassliebe zum großen Bruder antikapitalistische und pazifistische Elemente.

Interessant ist, dass diese vier Grundhaltungen – Sozialstaatsliebe, Pazifismus, Antikapitalismus und Antiamerikanismus – der Programmatik der Linken entsprechen, die damit zur urdeutschen Partei wird. Sie kann jedoch bundesweit keine Mehrheiten erringen, weil sie ihre Standpunkte mit einer nichtdeutschen Haltung vertritt: radikal. Mit ihrer radikalen Kapitalismuskritik hat es Sahra Wagenknecht allerdings geschafft, ein Medienstar zu werden. Im Zuge der Finanzkrise gewann sie die Sympathie von Leuten, die mit der Linken sonst wenig zu schaffen haben wollen. Auch Wagenknecht ist ein starkes Ostelement in der deutschen Politik.

Natürlich kamen viele Ostdeutsche mit der marktwirtschaftlichen Ordnung zunächst schlechter zurecht als ihre Mitbürger, und vielleicht können sie in ihren Restaurants noch immer nicht gut kochen, wie Berliner (West) nach ihren Wochenendfahrten durch Brandenburg gern beklagen, aber das wächst sich aus. Grundsätzlich passt man gut zueinander.

Die DDR wäre – von der Mentalität und den Werten her – mit Großbritannien weit schwieriger zu vereinen gewesen. Das gilt auch für die Bundesrepublik. Man hat sich im Westen damals den Briten näher gefühlt, war aber in den tieferen Schichten so deutsch, wie ein Deutscher eben ist. Weil Sozialstaatsliebe und Antikapitalismus in der ostdeutschen Bevölkerung noch tiefere Wurzeln haben als im deutschen Westen, sind diese Strömungen in der Bundesrepublik insgesamt stärker geworden. Alle vier Grundhaltungen zusammen ergeben das Bild einer immer noch romantischen Nation, die sich fernhalten will von den Händeln und Härten einer kalten Welt. Merkel ist die passende Kanzlerin dazu, weil sie schont und schützt, weil sie meist das tut, was ihre Nation von ihr erwartet.

Die Revolution von 1989 war in ihrer späten Phase auch eine nationale Revolution, wie schon die von 1848. Auch damals verbanden Bürger die Gedanken von Freiheit und Demokratie mit deutscher Einheit. Sie scheiterten, da der preußische König keinem demokratischen Deutschland vorstehen wollte. Es ging noch gut 20 Jahre weiter mit der Kleinstaaterei.

Die 89er waren schon am 3. Oktober 1990 am Ziel, seither ist dies der Tag der Einheit. Danach war die Frage, ob sich die Ängste von Intellektuellen wie Günter Grass erfüllen würden: Rückkehr zum Nationalismus und Militarismus, zur deutschen Dominanz über Europa.

Nationalismus: Was die Westdeutschen von den Ostdeutschen lernen konnten, war unter anderem das Fahnenschwenken. In der DDR gehörte es bei den Paraden dazu, in der Bundesrepublik machte man es allenfalls bei Länderspielen im Stadion, aber auch da nur schüchtern. Die Fußball-WM von 2006 wurde dann zum Fest in Schwarz-Rot-Gold. Die Deutschen feierten als Deutsche, aber sie feierten auch Togo oder Brasilien. Das Fahnenschwenken war nicht dumpf wie in alten Zeiten, sondern fröhlich. Wir sind eine Nation fast ohne Nationalismus geworden.

Inseln gibt es, besonders krank in der Terrorgruppe NSU, die Migranten mordete. Dieser Exzess von Fremdenhass entwuchs zwar der ehemaligen DDR, genauso die Renaissance der NPD, aber auch der Westen kann sich nicht als besonders migrantenfreundlich feiern. Auch in diesem Punkt trafen sich die Mentalitäten von Ost und West im Kern.

Militarismus: Die friedlichen 89er haben wohl am wenigsten damit gerechnet, dass sie Deutschland den Weg in Kriege ebnen würden. Aber so war es. Als die Deutschen vereint waren, sahen die Verbündeten in der NATO sie als normale Nation an, mit normalen Pflichten. Die Erwartung an militärisches Engagement wuchs und wächst, gerade in diesen Zeiten.

Die Bundeswehr absolvierte bislang zwei große Kampfeinsätze, auf dem Balkan und in Afghanistan. Wie immer man das bewertet, zu Militarismus oder einem neuen Preußentum hat es sich nicht ausgewachsen. Die Bundeswehr ist eine vorsichtige Armee geblieben, die von der Politik skrupulös eingesetzt wird.

Dominanz über Europa: In der Politik gegenüber der EU ist der wohl atemberaubendste Wandel passiert. Helmut Kohl kämpfte noch für den Euro und die Vereinigten Staaten von Europa und fand, dass jede Mark, die nach Brüssel fließt, den Deutschen nützt. Die alte Bundesrepublik sah sich nicht als vollständiges Gebilde, was sie auch nicht war, sondern als Teil größerer Einheiten, Europa, NATO. Kohl hatte deshalb kein Problem mit dem Gedanken, sein Land in der EU aufgehen zu lassen.

Merkel hat Politik in einer vereinten und damit vollständigen Bundesrepublik gelernt, in einem großen Land, das selbstbewusster geworden ist. Sie achtet genauer darauf, was deutsches Interesse ist, und dazu gehört ihrer Ansicht nach nicht immer die Solidarität mit den anderen Völkern, vor allem in Gelddingen.

Deutschland dominiert Europa, weil es wirtschaftlich so stark ist, aber sonst ist es stark auf sich selbst bezogen. Es ist kein folgsamer Teil des Westens mehr. Als die NATO Luftangriffe auf Libyen flog, isolierte Merkel ihr Land von allen westlichen Führungsmächten, USA, Großbritannien und Frankreich. Als sich Wladimir Putin die Krim einverleibte, fand er in Deutschland viele Menschen, die Verständnis zeigten.

So ergab sich aus der Revolution alles in allem eine dialektische Bewegung. Die Bundesrepublik machte den deutschen Osten durch Übernahme westlich, wurde in der Folge selbst aber weniger westlich, zum Teil sogar östlicher: durch seine Spitzenpolitiker und deren Verständnis von politischer Kultur, durch eine Verstärkung alter Tendenzen wie Antikapitalismus oder Liebe zum Sozialstaat.

»Der lange Weg nach Westen«, Titel eines Buchs des Historikers Heinrich August Winkler, ist unterbrochen. Zuletzt sind wir sogar ein paar Schritte zurückgegangen. Die Bundesrepublik von heute ist nicht so westlich-europäisch wie die von 1989/1990.

Das muss nicht schlimm sein, da auch der Westen nicht mehr ein so festes Gebilde ist wie damals. Solange die Fundamente Freiheit, Friedlichkeit, Demokratie, Rechtsstaat, soziale Marktwirtschaft unangetastet bleiben, hat auch die Bundesrepublik ein Recht auf einen eigenen Weg innerhalb seiner Bündnisse EU und NATO.

Die Revolutionäre von 1989 hatten vielleicht nicht viele dieser Entwicklungen im Sinn. Aber sie haben nicht nur die DDR aus den Landkarten gestrichen, sondern auch die Bundesrepublik verändert.

Revolutionen entstehen aus Eigensinn. Die Leute sind unzufrieden mit dem, was ihnen vorgegeben wird, sie entwickeln eigene Ideen. So war es auch zur Wendezeit in Leipzig und anderswo. Es ist wohl nur ein Zufall, aber 25 Jahre danach leben wir in einem eigensinnigen Land, und das ist neu für die Deutschen der Nachkriegszeit.

»JEDER SATZ
EIN PORSCHE«

**Popstar Herbert Grönemeyer über Goethe und
den deutschen Nationalmythos »Faust«**

Herr Grönemeyer, Sie haben Ihre Künstlerkarriere als Theaterschauspieler begonnen und 2015 im Berliner Ensemble mit Bob Wilson das deutsche Nationaldrama schlechthin auf die Bühne gebracht: »Faust«, der Tragödie erster und zweiter Teil. Was interessiert Sie daran?

Ich bin jetzt nicht der allergrößte Goethe-Fan. Genauer beschäftigt habe ich mich bisher vor allem mit den Liebesgedichten und dem »Werther«. Den fand ich immer ein bisschen zu sauber, zu clean. Da war jemand von außen, der beobachtete die ganze Zeit, der guckte immer nur zu, was seinen Figuren passierte. Da war mir zu wenig eigener Wahnsinn.

Gilt das auch für den »Faust«, an dem Goethe viele Jahre lang gearbeitet hat?

Nein. Der »Faust« hat mich wirklich überrascht. Schon der erste Teil ist ja ziemlich biestig, da ist Goethe böse, auch gegen sich selbst. Aber im zweiten Teil ist er richtig anarchisch. Da zeigt Goethe eine Seite von sich, die einen manchmal an Büchner denken lässt, so verschroben und wild ist das.

»Faust II« gilt vielen Theaterleuten als unaufführbar. Haben Sie sich überhaupt »Faust«-Inszenierungen anderer Regisseure angeschaut?

Klar, ich habe nicht nur die Dramaturgen befragt, sondern mir auch was angesehen. Ich habe mir die Verfilmung der alten Gustaf-Gründgens-Inszenierung von 1960 noch mal angeschaut, mit Will Quadflieg als Faust. Die ist betulich und ein bisschen affig, aber gut, um das Stück überhaupt mal zu verstehen. Den »Faust II« habe ich schon vor einiger Zeit in einer Inszenierung im Berliner Deutschen Theater gesehen, mit Ingo Hülsmann und Nina Hoss. Da habe ich nichts verstanden.

Weil »Faust II« vielleicht nicht zu kapieren ist?

Das finde ich nicht. Er ist sogar enorm aktuell. Ich würde »Faust II« als eine Ansammlung von Trips beschreiben. Es sind Spinnereien, in denen Faust seine Lebenserfahrungen durchspinnt, in Form von Bilanz, Wahnsinn, Träumen. Er tut es wie im Rausch. Und er vermischt, glaube ich, Intellekt und Klugheit mit Sehnsucht und Wahnsinn. Das hat was, gerade wenn man die Ernsthaftigkeit ein bisschen weglässt und sich sagt, der Autor hat das alles gar nicht so verbissen und so deutsch und so ernst gemeint. Man muss an den zweiten Teil von »Faust« mit einer gewissen Lässigkeit herangehen. Sonst erschlägt dich die Wucht der Sprache und der Bilder, von den Sprüngen ins Mittelalter und in die Antike, zu Helena und zum Homunculus.

War es Ihr Anspruch beim Schreiben der Songs und der Musik für »Faust«, das Stück und die Story zugänglicher zu machen?

Ja. Beim Lesen des Stücks und erst recht bei unserer Bearbeitung merkt man, dass Goethe im Grunde Lieder geschrieben hat. Nicht, weil sich die Texte reimen. Sie sind irre intensiv. Man muss die Rhythmik dieser Texte finden. Die Fassung des »Faust«, die wir zeigen, ist stark gekürzt. Gerade für den zweiten Teil hatte ich mir vorgenommen, ihm die Wucht des Überbaus zu nehmen und dafür genau auf das zu bauen, was wirklich im Text steht. Wenn das gelingt, dann ist einiges klarer.

Goethe ist ja nicht nur der meistbewunderte, sondern auch einer der meistbeschimpften deutschen Dichter. Gerade wegen der Gretchen-Figur im »Faust« wird er als eitler, womöglich frauenhassender Autor beschrieben. Wie problematisch ist das »Faust«-Frauenbild in Ihren Augen?

Goethe ein Frauenhasser? Ich meine, Faust ist zu Gretchen sicher nicht besonders nett, aber ich finde es schwierig, wenn Kunst den Menschen selbst erklären soll. Ich in meiner Limitiertheit würde das nicht mal versuchen. Ich habe vor zwei Jahren für ein Museum in Weimar einen kleinen Aufsatz über Goethe und die Liebe geschrieben. Darüber, wie er sich in seinen Gedichten immer danach sehnt, sich hineinzuwerfen in die Liebe, aber zugleich gern draußen bleibt und stattdessen dieses Pure beschreibt. Vielleicht geht Faust im ersten Teil der Tragödie zynisch mit Gretchen um, aber im zweiten Teil, würde ich sogar sagen, begreift er, wie zynisch er im ersten war. Ich glaube, dass Goethe im Alter anfing, an seiner Beobachterattitüde zu zweifeln, dass er gemerkt hat: Oh shit, im Grunde genommen habe ich völlig versäumt zu leben, mich zu berauschen. Wohin bin ich damit gekommen? Was hat mir das gebracht? Das ist für mich letztendlich das Thema im »Faust«. Deshalb macht er Spaß – was aber nicht heißt, dass ich ihn jetzt komplett begriffen hätte!

Wer ist die interessantere Figur – Heinrich Faust oder Mephisto?
Wir kamen im Berliner Ensemble auf den Trichter, dass das eine Person ist. Wenn man beide Teile nacheinander macht, überkreuzen sich die beiden Figuren am Schluss. Irgendwann nimmt Faust letztlich die Mephisto-Rolle ein, er geht dem Mephisto auf den Senkel. Er nervt ihn, weil er im Grunde noch viel härter und gemeiner ist als Mephisto. Ich würde fast sagen: Faust überholt den Mephisto, am Ende von »Faust II« ist er der Irrere von beiden.

Was für eine Musik passt zu diesem irren deutschen Helden?
Wir haben versucht, den ersten Teil, in Anführungsstrichen: »krautrockig« zu machen. Oft war ich überrascht, wie sehr einem manche Texte unter die Haut gehen, zum Beispiel dieses Gretchen-Lied.

Wenn Gretchen am Spinnrad singt »Meine Ruh ist hin«.
»Mein Herz ist schwer.« Ja, das hat manchmal eine un-
glaubliche Kraft, die man bei Goethe nicht erwartet. Seine
Sprache ist oft so ziseliert, ganz perfekt, jeder Satz ein
Porsche. Deutsche Wertarbeit. Shakespeare ist wilder,
schlampiger. In »Faust II« kommt Goethe aber an diese
Lässigkeit heran.

Wann kamen Sie zum Theater?
Mit 17, in den Siebzigern. Da war Zadek in Bochum Inten-
dant, und die suchten einen Pianisten. Ich spielte damals in
Bochum in einer Band und war lokal bekannt, weil ich in den
Jugendheimen auftrat. Mit 13 hatte ich in meiner ersten
Band gespielt, ich war Sänger und kein großer Pianist,
trotzdem habe ich im Theater vorgespielt. Der Regisseur,
glaube ich, war ziemlich bekifft. Auf jeden Fall haben die
mich engagiert. Und ich kriegte den Titel »musikalischer
Leiter«, da machte ich noch Abitur. Dann habe ich in Zadeks »Frühlings Erwachen« gespielt. Und später hat er
mich mitgenommen nach Hamburg zum »Wintermärchen«.

**Und plötzlich standen Sie auch als Schauspieler auf der
Bühne, ohne jede Schauspielerausbildung?**
Ja, und ich würde sagen, an mir ist nicht das größte Talent
verloren gegangen. Ich konnte heiter vor mich hin spielen,
ich war für manche kleinen Rollen ganz passend. Ich fand
das Leben am Theater wunderbar, aber ich hatte keinen
Zug zur Schauspielkunst. Ich habe in Bochum Werner
Schroeter und Rainer Werner Fassbinder kennengelernt
und war dann auch für ein halbes Jahr bei Claus Peymann
in Stuttgart. Aber verrückterweise war Zadek der Einzige,
der in mir irgendwas Interessantes zu erkennen glaubte.
Irgendwann sollte ich den Fortinbras in seiner »Hamlet«-
Inszenierung spielen und bin ausgestiegen. Das fand Za-

dek noch interessanter: Da wollte einer aussteigen! Und so hat er mich mitgenommen nach Hamburg.

Wie kam es, dass Ihre Theaterbegeisterung erlahmte?
Zadek war kein einfacher Mensch. Ich mochte ihn immer gern, aber er konnte nicht bloß gemein komisch, sondern auch zynisch sein. Er war ein unfassbarer Techniker. Wie ein Musiker, der Flamenco-Gitarre, klassische Gitarre, E-Gitarre, rhythmische Gitarre, einfach alles kann. Das habe ich oft vermisst an anderen Regisseuren im deutschen Theater, dieses Handwerk, nicht bloß die Schönheit, sondern auch den Witz zu transportieren, der in der Sprache steckt. Mit Zadek hatte man oft einen Heidenspaß, gleichzeitig konnte er einem auf der Bühne den Tiefsinn des Lebens erklären. Das schaffen nicht viele.

Für viele Politiker und auch für viele Feuilletonisten steht das Theater heute unter Rechtfertigungsdruck, man findet es anders als zu Zadeks großen Zeiten nicht mehr wichtig und relevant. Sie auch?
Das ist kompletter Unsinn. Im Theater gibt es Phasen, in denen die richtigen Ansätze fehlen, Senken, in denen es sich neu erfinden muss. Aber ich glaube, Theater wird immer relevant bleiben. Dieser konkrete Bezug der Darsteller zum Publikum, die Chance, in diesem einen Moment auf der Bühne sich der eigenen Gegenwart zu stellen! Das wird bestehen bleiben.

Herr Grönemeyer, wir danken Ihnen für dieses Gespräch.

Interview: Wolfgang Höbel

Grönemeyer, Jahrgang 1956, war unter anderem als Schauspieler tätig, bevor ihm 1984 mit dem Album »4630 Bochum« der Durchbruch gelang. Seitdem hat er kein Studioalbum mehr aufgenommen, das es nicht auf Platz 1 der deutschen Musikcharts geschafft hätte.

»EIN GEDULDIGES, OPFERBEREITES, TEILWEISE SOGAR BLÖDES VOLK«

Der Publizist Henryk M. Broder über das fehlende Selbstbewusstsein der Deutschen

Herr Broder, Sie sind für Ihre Fernsehserie »Entweder Broder« 30.000 Kilometer quer durch die Republik gefahren. Wie gut kennen Sie jetzt Deutschland?

Mittelmäßig. Immer wenn ich zum Beispiel mit dem Zug von Augsburg, wo meine Frau lebt, nach Berlin fahre und an der Saale vorbeikomme, sage ich mir: Hier fährst du beim nächsten Mal mit dem Auto hin und erkundest alles. Aber bisher bin ich leider noch nicht an die Saale gekommen, trotz der 30.000 Kilometer.

Und woran erkennt man Deutschland? Welche besonderen Merkmale fallen Ihnen auf Anhieb ein?

Vor zehn Jahren noch hätte ich Ihnen mit den üblichen Beispielen geantwortet, etwa mit der Gewohnheit der Deutschen, frühmorgens die Liegen am Strand mit ihren Handtüchern zu besetzen. Aber inzwischen kann ich das nicht mehr. Ich glaube nicht, dass es noch typisch deutsche Charakteristika gibt, die von Flensburg bis München gelten. Mal abgesehen davon, dass man im Norden ganz andere Mundarten spricht als im Süden. Ich finde das gut.

Sie sind 1957 im Alter von elf Jahren mit Ihrer Familie aus Polen nach Wien gekommen und dann ein Jahr später nach Köln weitergezogen. Was waren Ihre ersten Eindrücke im Westen?

Der erste Kulturschock war die Rolltreppe am Wiener Opernhaus. So etwas kannte ich noch nicht. Ich bin stundenlang rauf- und runtergefahren. Der zweite Kulturschock war Coca-Cola. Ich hatte davon gehört, das aber noch nie getrunken. Die erste Cola war sozusagen meine Schiffstaufe im Kapitalismus. Das schmeckte grässlich, aber es war der Geschmack der Freiheit. Es war wunderbar in Wien. Ich bin dort ein Jahr lang nicht zur Schule gegangen, ich habe mich einfach geweigert.

Was sich aber in Köln dann geändert hat.
Ja, und es war furchtbar. Ich bin extrem ungern zur Schule gegangen. Ich habe vor bald 50 Jahren mein Abitur gemacht, und ich träume noch heute davon, dass ich die Prüfung nicht bestehe.

Sie sind mit Polnisch als Muttersprache aufgewachsen. Haben Ihre Eltern dann in Köln mit Ihnen deutsch geredet?
Nein, nur polnisch. Meine Eltern haben ab und zu untereinander jiddisch gesprochen, wenn meine Schwester und ich sie nicht verstehen sollten. Aber sonst polnisch.

Wie schwer war es für Sie, nun plötzlich deutsch zu sprechen?
Ich glaube: gar nicht. Wirklich. Das kann natürlich daran liegen, dass es damals noch keine Integrationsexperten gab, die mir einzureden versucht hätten, wie schlecht es mir geht. In der ganzen Schule gab es zwei Jungen mit Migrationshintergrund: mich, also einen polnischen Juden, und einen schiitischen Perser. Wir beide haben uns sehr gut verstanden, weil wir die Außenseiter waren. Aber es war von Anfang an klar, dass wir uns an die Deutschen anpassen mussten und nicht umgekehrt.

Und wie haben Sie Deutsch gelernt?
Einfach so aufgesogen, auf der Straße, überall. Ich kann heute noch keine Grammatik. Ich habe es einfach so aufgeschnappt.

Welches Bild von Deutschland hatten Ihre Eltern Ihnen vermittelt, als Sie nach Deutschland gezogen sind?
Das war sehr gemischt. Mal waren die Deutschen alle Nazis, mal waren sie hochgebildete intelligente Leute, die mit

Goethe im Grießbrei aufwachsen. Es hat auch ziemlich lange gedauert, bis ich kapiert habe, warum sie eigentlich nach Deutschland gekommen sind. Es gab in den Sechzigerjahren einen Film, der hieß »Der Nachtportier«. In diesem Film reist eine junge Frau nach Italien und trifft in einem Hotel auf den Mann, der sie im KZ gequält hat. Und als ich diesen Film gesehen habe, wurde mir klar, warum meine Eltern nach Deutschland gekommen sind: Sie konnten gar nicht mehr anders leben denn als Opfer. Sie mussten ihre Opferexistenz fortsetzen, allerdings in sicheren Umständen. Der Set stimmte wieder: Sie waren Juden, umgeben von Deutschen, wie im Lager.

Ihre Eltern waren fixiert auf die Deutschen?
Sie waren total fixiert auf die Deutschen, im Guten wie im Schlechten. Allerdings überwog das Positive, denn es waren auch Deutsche gewesen, von denen die beiden am Ende des Krieges gerettet wurden.

Gab es eine Identifikation mit der neuen Heimat Köln?
Nein, man war einfach da, man lebte dort. Es gab keine Freunde, keine Besucher. Sie bekamen eine bescheidene Rente von der Wiedergutmachung und lebten in einer Sozialwohnung. Finanziell war das kein Problem, das Problem war mental. Meine Mutter musste sich alle zwei Jahre beim Amtsarzt vorstellen, um ihren Anspruch auf die Rente neu zu begründen. Sie hatte jedes Mal davor Horroranfälle. Schon das Bild eines deutschen Arztes war schrecklich für sie.

Warum? Hat sie an den KZ-Arzt Mengele gedacht?
Genau. An Mengele oder wenigstens an Mengeles Söhne. Ich bin dann immer mitgekommen, um sie zu beruhigen.

Sie sind 1981 für zehn Jahre nach Israel gegangen. Warum?

Ich hatte diese ganzen Kämpfe in Deutschland satt. In das rechte Milieu konnte ich nicht, und das linke Milieu war eine so bigotte, verlogene Bande, auch schwer antisemitisch, das war ich leid. Da musste ich mich einfach physisch entfernen, das war, um die Kanzlerin zu zitieren, »alternativlos«. 1986 habe ich darüber auch mein bestes Buch geschrieben: »Der ewige Antisemit«.

Trotzdem sind Sie nach Deutschland zurückgekommen.

Aus drei Gründen: Wir bekamen eine Tochter, meine Mutter war krank, und die Mauer war gefallen. In dieser Reihenfolge. Ich kam dann zurück und stellte fest, dass diese ganzen Irren immer noch so bekloppt waren wie vorher, auch jüdische Intellektuelle und diese ganzen Pappnasen vom Zentralrat der Juden, die immer noch versuchten, den Biodeutschen etwas zu erklären. Diese zehn Jahre in Israel haben mich auch geprägt, ich habe etwas mitbekommen von dieser israelischen Grobheit und Gleichgültigkeit. Was geht es mich an, was die anderen über mich sagen? Das hat mir gutgetan, das war die beste Therapie.

Als die Mauer fiel, gab es in Deutschland unter den Linken eine große Debatte über die Wiedervereinigung.

Ja, Günter Grass vor allem, der dagegen war und von einer notwendigen Strafe für Auschwitz redete; als Strafe sollte die DDR bestehen bleiben, eine Strafe, die allerdings nur die Ossis absitzen mussten. Ich fand das vollkommen absurd.

Und wie war Ihre Haltung?

Ich habe mich über die Wiedervereinigung gefreut. Ich fand es toll, dass die Menschen nun frei waren. Wie sie die

Prager Botschaft und die Mauer stürmten – mir hat das sehr gefallen.

Und Sie hatten auch damals keine Angst vor einer neuen Großmacht Deutschland?
Nein. Als ich nach Deutschland kam, stand an jeder zweiten Mauer »Kein Viertes Reich«, das fand ich sehr komisch. Das war der nachgeholte Widerstand.

Mitte der Neunzigerjahre hat der amerikanische Politologe Daniel Goldhagen behauptet, der Antisemitismus sei bei den Deutschen sozusagen genetisch verankert. Welche Position haben Sie in dieser Debatte eingenommen?
Ich fand die Debatte damals prima, auch wenn ich nicht der Meinung von Goldhagen war. Diese Kontaminierung ist natürlich nicht genetischer Natur, aber kulturell besteht sie schon, und psychosozial.

Wenn man diese genetische Disposition ablehnt, dann kann man vielleicht mit einem anderen Begriff operieren, den Helmut Schmidt mal gewählt hat. Er hat gesagt, die Deutschen seien ein »gefährdetes Volk«.
Ja, nicht ein gefährliches Volk, aber ein gefährdetes Volk, auch ein schwaches Volk. Ich war neulich in Armenien. Dort würde niemand auf die Straße gehen und schreien: Armenien muss bunter werden. Nationalstolz und Nationalbewusstsein sind dort ganz selbstverständlich vorhanden. Ganz anders in Deutschland. Da gibt es eine sonderbare Form der Selbstverachtung, die andere Nationen nicht haben. Auch diese merkwürdige Freude der Deutschen daran, dass andere Nationen sie angeblich besonders schätzen und mögen. Den Menschen in anderen Ländern wäre das völlig gleichgültig, völlig egal. Die Deutschen sind heute eher gutmütig und geduldig. Wenn Sie mich vor

20 Jahren gefragt hätten, was die Deutschen machen, wenn ihnen die Regierung keine Zinsen mehr auf ihre Ersparnisse geben würde, dann hätte ich gesagt: Revolution! Die Minister an die Laternen. Aber es ist nichts passiert: Sie sind ein geduldiges, opferbereites, teilweise sogar blödes Volk, weil sie sich ausnehmen lassen.

Sie leben seit 1958 in Deutschland: Wie gehen die Deutschen mit Ihnen persönlich um?
Ich kann mich nicht beschweren, die Zahl der antisemitischen Attacken, die ich in dieser Zeit erlebt habe, würde keine zwei Hände füllen, vermutlich eine Hand. Der Alltag ist völlig normal. Was mir manchmal störend auffällt, ist die Frage: Was ist denn bei Ihnen so zu Hause los?

Israel ist gemeint?
Genau, ich antworte dann immer: In Schmargendorf ist alles in Ordnung. Aber diese Frage ist auch nicht bösartig gemeint, eher ein Ausfluss von Ratlosigkeit.

Was passiert mit Ihnen in Israel? Als was gelten Sie dort?
Ich gehe da als Deutscher durch. Ich trage eine Basecap mit einer deutschen Fahne drauf. Wenn Sie dort sagen, dass Sie aus Deutschland kommen, macht der Taxifahrer sofort das Taxameter aus und fährt Sie zum halben Preis. Das ist kein Witz! Bei allen internationalen Fußballspielen sitzen die Israelis am Strand und drücken Bayern München die Daumen. Ich wundere mich immer wieder, wie deutschfreundlich die Israelis heute sind.

Haben Sie persönlich so etwas wie ein Nationalbewusstsein?
Nein. Und mir ist es auch egal, wie etwa die Fußball-Nationalmannschaft spielt. Aber wenn ich höre, dass das halbe

Weizmann-Institut in Rehovot deutsch spricht, dann freut es mich. Ich bin auch sehr dafür, dass israelische Firmen deutsche Unternehmen aufkaufen – und umgekehrt. So etwas bringt die Völker zusammen.

Und haben Sie so etwas wie Europabegeisterung?
Nein, ich hatte das nie. Natürlich mag ich die praktischen Dinge: dass man die Ländergrenzen einfach so überschreiten kann, dass man immer mit demselben Geld zahlt. Aber ich hatte immer eine leise Verachtung für Menschen, die sagten: Ich bin Europäer. Die Deutschen vermeiden das nationale Bekenntnis, sie fürchten sich davor. Und da bietet Europa eine willkommene Alternative zum Deutschsein. Es kann kein europäisches Bewusstsein geben, denn kulturell haben Finnen mit Sizilianern nichts zu tun.

Aber gibt es nicht doch unter uns Europäern kulturelle Gemeinsamkeiten, die uns von Afrikanern oder Asiaten unterscheiden?
So etwas gab es schon immer. Aber früher sagte man zu solchen Menschen: Kosmopoliten, und nicht Europäer. Dieser Kontinent ist natürlich von der Fähigkeit geprägt, sich selbst infrage zu stellen, das gilt für Spanier und Deutsche genauso wie für Polen oder Dänen. Aber deswegen müssen wir doch nicht alle Unterschiede der Völker und Nationen verwischen und eine europäische Identität konstruieren. Das zerstört den Charme dieses Kontinents.

Nun hat die Globalisierung aber längst dazu geführt, dass zumindest in den großen Städten in Deutschland viele Nationen nebeneinanderleben, hier in Berlin zum Beispiel viele Türken oder Polen. Ist das eine positive Tendenz?
Absolut! Ich bin grundsätzlich dafür, dass sich die Gesellschaften mischen. Ich mag an den Deutschen nicht, dass

sie solche Katastrophen-Propheten sind. Es heißt immer, dass die Integration gescheitert sei. Sie ist nicht missglückt, sie ist vielleicht partiell missglückt, aber nicht generell. Die Integration funktioniert zum Beispiel bei den Russen, den russischen Juden, bei den Polen und den meisten Asiaten, hier in Berlin gibt es inzwischen eine richtige China-Town. Nur bei einer Gruppe hat es noch nicht funktioniert.

Sie meinen die arabischstämmigen Menschen?
So ist es. Und was machen die Deutschen? Sie schieben sich die Schuld selber in die Schuhe. Das heißt: Aus dem deutschen Sadisten ist ein Masochist geworden. Auch ein Fortschritt, wenn Sie so wollen.

Eine letzte Frage: Was vor allem muss ein Deutscher über sein eigenes Land wissen?
Geschichte! Er sollte wissen, was geschehen ist. Wissen Sie, wenn ein Deutscher sich darüber aufregt, dass Köln, Dresden und Augsburg im Krieg bombardiert wurden, dann kann ich das nachvollziehen. Aber er sollte auch wissen, dass vorher deutsche Bomben auf Warschau, Coventry und Rotterdam abgeworfen wurden. Diese Kausalität, diese Chronologie sollte man in Deutschland schon kennen, bevor man sich darüber aufregt, was uns angetan wurde.

Interview: Martin Doerry

Henryk M. Broder wurde 1946 im polnischen Katowice geboren. Seine Eltern hatten mehrere deutsche Konzentrationslager überlebt. 1958 zog die Familie nach Köln. Broder arbeitet als Autor und Journalist. 2007 wurde er mit dem Börne-Preis ausgezeichnet. Zuletzt veröffentlichte er das Buch »Die letzten Tage Europas. Wie wir eine gute Idee versenken«.

»MAN KANN NICHT ZU ZWEI VERSCHIEDENEN HYMNEN HEULEN«

Eiskunstlauf-Star Katarina Witt über ihr
Leben in der DDR und der Bundesrepublik

Frau Witt, Sie werden bald 50 Jahre alt – die erste Hälfte Ihres Lebens haben Sie in der DDR verbracht, die zweite in der Bundesrepublik. Welche Zeit hat Sie mehr geprägt?
Na, die Zeit des Kindseins, des Jungseins, die prägt einen nachhaltig, glaube ich. Das ist wie mit der Musik: Den Song, den man mit der ersten Liebe, dem ersten Herzschmerz oder dem ersten Ausflippen verbindet, den behält man für immer in dieser emotionalen Verbindung im Kopf.

Was ist denn so ein prägendes Moment ihrer Kindheit?
Zuerst natürlich meine unbeschwerte Kindheit in meiner Familie und dann der Sport: die Disziplin, die einem abverlangt wurde. Und trotz des Korsetts, in der DDR konnte man sich gerade da Freiheiten, die nicht selbstverständlich waren, erarbeiten …

… und die Ihnen als Sportstar dann gewährt wurden.
Klar, es war ein großer Vorteil für mich, dass ich reisen durfte, schon in jungen Jahren. Dies war das wahre Privileg. Auch wenn es natürlich keine Freizeitreisen waren. Alles hatte mit dem Sport zu tun, ein Wettkampf hier, ein Schaulaufen dort. Da ging es ja nicht darum, den Bauch in die Sonne zu halten. Dennoch war es eine Riesenchance, staunend das Unbekannte zu entdecken und etwas zu sehen.

Die Eisstadien der Welt?
Die natürlich, aber auf dem Weg dorthin auch einiges mehr. Man hält ja die Augen offen, wenn man mit dem Bus durch die Stadt fährt. Und darauf hat Frau Müller …

… Ihre Trainerin …
… immer sehr geachtet, das rechne ich ihr hoch an. Ihre Einstellung war: »Kindchen, wer weiß, ob du jemals wieder

nach Paris kommst, jetzt fahren wir erst mal zum Eiffel-
turm.« Das hat mich sehr weitergebracht: dass ich reisen
konnte, dass ich auch dadurch früher reifen musste. Ich
habe gelernt, offen zu bleiben für neue Eindrücke, anders
als viele Menschen gerade nicht zu sagen: »My way or no
way«.

**Wenn Sie damals im Ausland gefragt wurden, woher Sie
kommen, haben Sie dann gesagt: »Ich bin Deutsche« oder
»Ich komme aus der DDR«?**
Das war für mich ganz klar getrennt, die Antwort war immer: Ich komme aus der DDR.

**Sie haben sich in erster Linie als DDR-Bürgerin ge-
fühlt?**
Ja, eindeutig. Ich war in ein Land geboren worden, in dem
dieselbe Sprache gesprochen wurde wie in Westdeutsch-
land, das ich aber immer als eigenständiges, unabhängiges
Land gesehen habe. Das habe ich nie in Zweifel gezogen.
Auch wenn es heute zwangsläufig oder logisch erscheinen
mag, dass es die Wende geben würde und dann die deutsche Einheit – das hat sich doch damals niemand vorstellen können. Ich jedenfalls habe es als sehr junger Mensch
nicht gekonnt.

**Ihre sportlichen Erfolge wurden ja politisch genutzt, als
Sportstar waren Sie auch eine Botschafterin der DDR
und, wie es immer hieß, »das schönste Gesicht des Sozialismus« ...**
... was übrigens ein amerikanischer Journalist erfunden
hat, ein Reporter des »Time Magazine«, der vor den Olympischen Spielen 1998 sinngemäß schrieb: »Wenn Kati Witt
das wahre Gesicht des Sozialismus ist, dann kann Amerika
gern sozialistisch werden.« Klar, ich bin als Vertreterin der

DDR wahrgenommen worden. Und zugleich als so etwas wie der Gegenentwurf dazu.

Wie meinen Sie das?
Das Image der DDR war ja eher: grau, freudlos, uniformiert. Und ich kam dann - sagen wir es so: etwas anders daher. Weil ich immer fröhlich war und meine Kostüme bunter und ausgefallener waren. Die Show und der Glamour gehören zum Eiskunstlauf dazu: selbst wenn einem alles wehtut, so zu tun, als hätte man Federn an den Füßen und nicht Blut in den Schuhen.

1988, noch vor der Wende, begannen Sie Ihre Profikarriere: Eisshows, Film und große Tourneen durch die USA. Ein großer Schritt, oder?
Ja, das war ein großer Einschnitt. Auch weil ich jetzt keine Sportlerin mehr war. Bis dahin hatten die Zeitungen auf den Sportseiten über mich berichtet, viele Journalisten hatten mich über Jahre begleitet und bewundernd den Aufstieg miterlebt. Und dann fiel ich von einem Tag auf den anderen in die Yellow Press rein. Kein Dreifachsprung war wichtig, sondern erfundene Geschichten mit Prinz Albert oder Boris Becker.

Dann kam die Wende ...
... und für mich noch mal eine neue Situation. In Amerika habe ich große Anerkennung bekommen, war dort riesig erfolgreich mit nun eigenen Tourneen. Und zu Hause gab es so eine Welle gegen mich, zum Teil Anklage, zum Teil – ach, wissen Sie, es ist so yesterday.

Der SPIEGEL schrieb einmal von einer »Hexenjagd« gegen Sie: Die einst volkseigene Kati sei zur, wie die »Bild«-Zeitung Sie nannte, systemtreuen »SED-Ziege« geworden.

Das war hart damals. Es war ein wirklich merkwürdiger Gegensatz. In Amerika war ich das Symbol der Freiheit: »She's coming from behind the iron curtain«, »Finally, she is free«, »She can do whatever she wants«. Die Amerikaner hatten eine ganz andere Einstellung. Damit habe ich natürlich auch gespielt – und mich zugleich den Diskussionen hier gestellt, ohne die Menschen zu verraten, die mich gefördert und unterstützt hatten.

Haben Sie mal daran gedacht, Deutschland dauerhaft zu verlassen?
Nein, dafür war meine Bindung an meine Eltern und meine Freunde viel zu groß. Und auch meine Neugier darauf, was jetzt mit unserem Land passiert – wobei es ein bisschen gedauert hat, bis ich »unser Land« sagen konnte. Ich wollte jedenfalls die Veränderung sehen, vor allem die in Berlin. Ich hatte eine Wohnung mit direktem Blick auf den Potsdamer Platz, da wollte ich miterleben, was in meiner Stadt passiert.

Seit wann sagen Sie denn »unser Land«?
Das hat nach der Wende schon noch länger gedauert. Bei den Olympischen Spielen 1994 in Lilllehammer, wo ich zum ersten Mal in einem gesamtdeutschen Team war – das war schon ein guter Anfang, aber ein paar Jahre mehr habe ich schon gebraucht.

Dann ist es ja gut, dass Sie 1994 nicht noch mal die Goldmedaille gewonnen haben. Sonst hätten Sie plötzlich mit der bundesdeutschen Hymne klarkommen müssen.
Ach, dass ich nicht gewinne, war mir von vornherein klar, das wäre ja ein Weltwunder gewesen. Aber es stimmt: Es wäre schon eigenartig gewesen. Man kann doch nicht zu zwei verschiedenen Hymnen ehrlich heulen.

Und heute sprechen Sie von Deutschland als »unserem Land«?

Ja, selbstverständlich. Und ich empfinde durchaus Stolz. Ich finde, wir können schon zufrieden sein mit dem, wofür dieses Land steht, Frieden, Demokratie, ein gewisser Wohlstand, auch Gastfreundschaft. Das wissen wir Deutschen selbst vielleicht gar nicht immer so zu schätzen.

Wie gut kennen Sie Deutschland?

Ach Gott, da merkt man dann auch wieder, wie sehr man geprägt ist von dem, was man als Kind lernt oder eben nicht. Wenn ich zu Quizsendungen eingeladen bin und es um Fragen zu Geografie, Musik oder Filmen geht: Da weiß ich einfach anderes als die Gäste, die im Westen aufgewachsen sind. Allerdings hält sich mein Beitrag zur westdeutschen Geschichten und Kultur dann leider auch in Grenzen. Kürzlich habe ich mich über die Bundesländer unterhalten – 15 sind es, glaube ich, oder?

16.

Hm, erwischt. Wir hatten in der DDR 15 Bezirke. Daran sieht man, wie nachhaltig das Gelernte aus der Jugend für immer im Kopf bleibt. Obwohl täglich Neues dazukommt. Das zeigt, wie wichtig die Erziehung, der Sport und gelebte Werte sind und bleiben.

Interview: Markus Verbeet

Katarina Witt, geboren 1965, ist sechsfache Europameisterin, vierfache Weltmeisterin und wurde zweimal Olympiasiegerin im Eiskunstlauf: 1984 in Sarajevo, 1988 in Calgary. Sie zählte zu den bekanntesten Sportlern der DDR und ist weltweit eine der erfolgreichsten Eiskunstläuferinnen. 1994 nahm sie in Lillehammer noch einmal an Olympischen Spielen teil, als Mitglied der gesamtdeutschen Mannschaft. Heute ist sie unter anderem Unternehmerin.

DANK

Die Autoren danken Christine Barghoorn, Angelika Mette und allen Kolleginnen und Kollegen des SPIEGEL-Verlags, die dieses Buch unterstützt haben.

Der Text »Die eigensinnige Republik« erschien erstmals im SPIEGEL Nr. 38/2014. Er findet sich auch in dem Buch »Acht Tage, die die Welt veränderten: Die Revolution in Deutschland 1989/90« (Herausgeber: Alfred Weinzierl, Klaus Wiegrefe; Deutsche Verlags-Anstalt; 368 Seiten; München 2015).

Das Interview mit Herbert Grönemeyer ist die leicht gekürzte Fassung eines Gesprächs, das im SPIEGEL Nr. 17/2015 erschien.

Nur Mut – testen Sie weiter!